U0048128

王曉鈴 著

日本珍奇廟

│前言│參拜須知：神社寺院，原來是這樣 ………… 008

壹、東北

1　│秋田縣男鹿真山神社│恐怖生鬼，下山抓懶鬼 ………… 016
　　秋田妙事：小孩哭愈慘，爸媽愈開心

2　│青森縣八戶蕪嶋神社│人人都想走鳥屎運 ………… 028

3　│岩手縣遠野常堅寺│河童出沒注意！ ………… 036
　　河童妙事：東京曹源寺，河童骨頭曝光？

4　│岩手縣盛岡市三石神社│鬼的悔過書 ………… 044

5　│宮城縣仙台市三瀧山不動院│不愛招財貓，只愛仙台四郎 ………… 054
　　宮城妙事：伊達政宗帥不帥？

貳、關東

6　│栃木縣足利市足利學校孔子廟│在日本遇見孔子 ………… 064

7　│群馬縣高崎市少林山達摩寺│擊不倒的達摩不倒翁 ………… 072

8　│東京都龜有香取神社│烏龍派出所，找阿兩必勝 ………… 080

9　│東京都豪德寺＋今戶神社│真有才的招財貓 ………… 088

參、中部

10　│靜岡縣（東部地區）富士山本宮淺間大社│富士山女神的祕密 ………… 094

11　│靜岡縣（中、西部）久能山東照宮＋可睡庵│德川家康搞分身 ………… 104

12　│新潟縣雲洞庵│「愛」在戰火蔓延時 ………… 114

13　│長野市善光寺│摸來摸去，摸出好運 ………… 122

目錄 Contents

肆、近畿

14 ｜京都市貴船神社+晴明神社｜尋找陰陽師傳說 ………… 132
　　京都妙事：美麗的意外

15 ｜奈良縣東大寺＋春日大社｜跟著小鹿找大佛 ………… 146

16 ｜和歌山縣高野山奧之院｜墓仔埔也敢去 ………… 156

伍、中國

17 ｜島根縣出雲大社｜八百萬神明的會議假期 ………… 166

18 ｜鳥取縣境港市妖怪神社｜闖進妖怪世界 ………… 174

19 ｜廣島縣宮島嚴島神社｜神之島上的浪漫與煩惱 ………… 182

陸、四國、九州

20 ｜香川縣金刀比羅宮｜海上守護神係金ㄟ ………… 188

21 ｜德島縣、高知縣、愛媛縣、香川縣四國遍路｜1200公里路，堅強了心，軟了腿 ……… 196

22 ｜宮崎縣鵜戶神宮｜洞窟裡的神明哺乳室 ………… 206
　　宮崎妙事：復活島石像，比本尊更神

23 ｜鹿兒島縣仙巖園貓神神社｜藩主給貓的報恩 ………… 214
　　鹿兒島妙事：是島非島

柒、北海道與沖繩

24 ｜北海道千歲市冰濤神社｜這款冰雕艾莎女王不會做 ………… 224

25 ｜沖繩縣那霸市首里城｜無人相識，御嶽真鬱卒 ………… 226

｜特別篇之一｜有求必應，日本好運專賣店 ………… 228
｜特別篇之二｜拜訪台灣的日本珍奇廟 ………… 232

The Sacred Place of Japan 日本珍奇廟

沖繩

參拜須知：神社寺院，原來是這樣

　　每回搭捷運往淡水方向，經過圓山時我總喜歡往下看，我目光搜尋的是一座黃牆環繞的木造寺廟，那是日治時期興建的護國禪寺，仿宋禪宗樣式在台灣難得一見。中國佛教傳入日本，日本化的寺廟又來到台灣，千百年的輾轉，在捷運上短短幾秒與我交會。

　　欣賞寺廟是一件很有意思的事情，它是一座不說話的資料庫，可以從很多線索來挖掘它的身世，為什麼這座寺廟出現在這裡？祭祀何方神明？有什麼獨特建築、祭祀方式？

　　寺廟也是一座美術館，台灣廟宇偏好雕樑畫棟，我最喜歡找找藝師幽默的創作，像是屋簷下的「憨番」有黑人或穿西裝打領帶的洋人；而日本廟宇就像日本人一板一眼的個性，沒有意外的精緻典雅，強調整體美感。

　　對日本人而言，神社寺廟是風景，也是生活。

　　對偶爾去一趟日本的你我來說，神社寺廟是文化導覽，也是好聽的故事，可能很恐怖，可能莫名其妙的有趣，還可以找找偶像的足跡，《陰陽師》晴明的家在哪裡？《烏龍派出所》香取神社有沒有阿兩出沒？金城武又是在奈良東大寺哪個地方說I see you？

神道與佛教哪裡不一樣？

　　日本廟宇分為神社與寺廟兩大類，神社屬於神道，寺廟屬於佛教。

　　神道是日本獨有的宗教信仰，沒有戒律教條，也沒有類似《聖經》或《可蘭經》的經典，但照樣傳承，因為神道深植日本民族的傳統當中。

　　佛教在六世紀從中國與朝鮮傳入日本，與神道文化你儂我儂，神社裡有佛寺，佛寺旁有神社，神道神祇也取了對應的佛教名，稱為「神佛習合」，直到十九世紀明治天皇為獨尊神道，下令「神佛分離」，從此分了家。

　　日本朋友說，他們祈福、許願去神社，祭祀、喪事才去寺廟，簡單歸納的話，似乎是「活的事情去神社，死的事情找寺廟」。

　　若遇到七五三節（十一月十五日），造訪神社會看見穿著和服的小朋友，他們來祈求健康長大；運氣好的話，會碰上舉辦日式婚禮的新郎新娘，這些是神社才看得到的場景。

　　此外，若要消除煩惱，日本人會選擇到寺廟拜託佛菩薩，例如四國遍路的八十八間寺廟。

是佛教是神道？聽名稱就知道

　　寺廟屬於佛教，尾字通常是「寺」、「院」，如清水寺、高野山奧之院。

　　神社屬於神道，神社又有「神社」、「神宮」、「大社」等等區別。「神宮」是皇室神社，供奉日本皇室祖先、天皇以及平定大和的特定神祇，如伊勢神宮、鵜戶神宮、鹿島神宮等。

「大社」通常是地位高、歷史久、規模大的神社，如春日大社、出雲大社等。最初是明治天皇將神社區分大社、中社與小社等各種等級，後來只保留「大社」之名。此外就是神社或宮了。

神明，請問芳名？

佛教神明為佛、菩薩，跟台灣雷同。

比較特別的是「權現」（日文漢字：權現）一詞，原本指的是菩薩化身，演變成日本神型態，例如德川家康過世後被天皇封為「東照大權現」，表示尊崇他是普照大地的菩薩，這也是東照宮名字由來。

神道祭祀日本神祇，如伊邪那岐、天照大神、須佐之男命、大國主神、稻荷大明神以及歷代天皇等等。

天地萬物皆有靈，日本人認為太陽、森林、海洋、河川是神明，傳說人物、歷史人物、外國人，甚至動物、妖怪都能成為神明，那麼到底有多少神明呢？還真有個數字——「八百萬神明」。

在八百萬神明中，你一定認識好幾位，如果你是電玩迷，對於戰國人物織田信長、德川家康、伊達政宗必不陌生；如果你愛看小說，坂本龍馬、安倍晴明是你的老朋友；再不然，媽祖與關公總該有親切感了。

欣賞神社寺廟

＊鳥居：為神社入口，區分神域與世俗界，也是門的一種。材質以木頭居多，最著名鳥居，包括伏見稻荷大社的「千本鳥居」、嚴島神社的「海上鳥居」，最大的木製鳥居在東京明治神宮，使用來自台灣樹齡一千五百年的扁柏。

＊狛犬：起源於印度，跟著佛教傳到中國是石獅，再傳到日本變狛犬。中國石獅兩隻成對，一定是男左女右，雄獅在左、雌獅在右，在廟門兩側守護；日本狛犬無明顯性別區分，通常一張口、一閉口，代表佛教梵語的「阿」與「吽」（ㄏㄨㄥ）。狛犬造型接近狗，不過也有例外，遠野常堅寺狛犬頭頂是河童造

型，伏見稻荷大社則換成自家的狐仙當守衛。

＊燈籠：隨著佛教傳進日本，最早作為供燈，演化
成立式燈籠，是日本獨特的寺廟風情，宇治平等
院鳳凰堂前的石燈籠，高度幾乎達兩公尺；奈良
春日大社共有兩千座石燈籠，數量是日本之最。
石燈籠以簡樸為美，雕鑿格子窗線條，底座如蓮
花瓣；奈良東大寺前八角燈籠為銅雕，上有佛像
與獅子圖案，精美雕刻甚為罕見。

＊庭園：最早由僧侶所創，以橋、小島與池子營造
自然風景中的樣貌，日後寺院出現「枯山水」庭
園，不用實際的水，運用石子作假山，以工具刮
出白沙流動紋路，形成山脈、河川與海洋，如京都銀閣寺、高野山金剛峯寺。
植栽也是庭園重要的元素，季節性強的楓樹和櫻花產生四季變化，看似不經意
的青苔，也可能是精心安排的畫面。

＊建築：佛寺建築早期受到中國與朝鮮影響，正殿是最神聖的拜佛之處，還有進
入佛寺的山門、三重塔或五重塔，新年除夕要敲鐘一○八下的鐘樓。墓地也是
寺廟一部分，高野山等墓地成為觀光勝地。

神社建築分成神靈所在的本殿和禮拜用的拜殿。最古老的架構為伊勢神宮，原形是彌生時代的穀倉，傳統以茅草、原木搭建，具有簡樸的古代氣息，從七世紀開始每隔二十年遷宮並翻新，最近一次為二〇一三年舉行。

參拜步驟

參拜佛寺，台灣人一定不陌生，在此就不多敘述了，要提醒的是入寺可能會需要脫鞋，如果當天預計前往佛寺，記得別穿破襪子免得出糗。

若是參拜神社，正確步驟是洗淨、賽錢、搖鈴、禱告，再進行抽籤或買繪馬、御守，可別弄錯程序。

一、洗淨：參拜前先把自己洗乾淨，是淨化不潔、尊敬神明，也讓自己的心靈沈靜。

鳥居入口處或正殿前，都會有一個手水舍，用右手拿起長柄杓舀水，倒一些在左手掌，用左手掌上的水漱口（別喝進肚裡），再把長柄杓的水沿著右手掌往下倒，等於是洗一洗用手拿過的位置，好讓下一個人安心使用。

二、賽錢：在賽錢箱裡丟進五元日圓硬幣，五元日文發音與「御緣」同音，表示與神明結緣，若沒五元，想丟多少錢都無妨。

三、搖鈴：賽錢箱上方有一條繫有鈴鐺或鐘鼓的粗大麻繩，搖一搖敲出聲響，通知神明「有參拜者上門了！」吸引神明注意，類似到人家家裡按門鈴通報的意思。

四、禱告：深深鞠躬兩次，再拍兩次手，再鞠躬一次，然後禱告。透過拍手可集中魂魄，也等於再一次提醒神明幫忙祈福。

五、抽籤：神社裡通常都有籤桶可抽籤，一般認為抽到壞籤別帶回家，綁在樹上請神解決；有人認為相反，應把好籤綁在樹上，提醒神明實現。

另有一種解釋，好籤壞籤都留下，但是要綁在不同的樹，好籤綁在松樹，松樹日文發音與「等待」相同，表示「等待好運」；壞籤綁在杉樹，杉樹日文發音與「過去」相同，表示「壞運過去了」。這說法似乎挺有道理的，但前提是懂得分辨松樹與杉樹。

把守護帶回家

別以為不去逛街血拼就省荷包，其實日本神社寺廟才是最好買的地方，首先是繪馬，是一塊可以寫下心願與名字的木板，掛在神社請神明圓夢。

我一直把繪馬當做神社文化的小暗號，因為上頭的圖案一定是這間神社的最大特色。例如達摩寺有不倒翁繪馬，阿兩故鄉的神社有阿兩繪馬，稻荷大社繪馬是一張狐狸臉，晴明神社當然是五芒星繪馬。

御守是神社裡讓人期待又害怕的事情，期待它有特殊守護功能，又害怕荷包受傷害，日本神社創意十足，細項的守護，有質感的造型，讓人容易衝動買不停。例如鎌倉江島神社有一組「貪心美人御守」，可個別購買希望變美之處，包括美肌、美體、美髮、美白、美笑，也可以全部都買，當一個名符其實的貪心美人。

京都地主神社的戀愛御守更厲害，分得可細了，要依交往程度購買，有「祝福好姻緣」的御守、「希望進一步交往」的御守、「希望能跟某人談戀愛」的御守，假如連對象都沒有，就要選擇「尋找愛情」的御守。倘若沒空前來親自祈求，還可以網購戀愛御守，神明真是服務到家。

　　鳥居能不能買？能！在伏見稻荷大社許願可以豪氣地買個鳥居供獻，目前最貴的一百三十萬零二千日圓，最便宜十七萬五千日圓，差不多等於台幣四萬多元，比想像中的平價。

　　最後，參拜完走出神社寺廟，是不是有一種圓滿輕鬆的感覺？日本人喜歡在神社寺廟廣植松樹與杉樹，就是要讓參拜者在自然下身心靈皆能清淨，如松樹一樣懂得「等待」（松樹與等待同音），如杉樹一樣懂得「過去」（杉樹與過去同音）。走出神社寺廟，就能懂得珍惜當下，好與壞皆放下無罣礙。

壹│東北

⛩ ① 八戶蕪嶋神社　② 秋田男鹿真山神社
　③ 瀧澤村鬼越蒼前神社　④ 盛岡市三石神社　⑤ 盛岡八幡宮

🏯 ① 岩手遠野常堅寺　② 瑞巖寺　③ 三瀧山不動院　④ 瑞鳳殿

📍 ① 葦毛崎展望台　② 更上閣　③ 八幡市博物館　④ 生鬼館　⑤ 田澤湖
　⑥ 小岩井農場　⑦ 秋田市民俗藝能傳承館　⑧ 角館町觀光協會　⑨ 盛岡手工藝村
　⑩ 石割櫻　⑪ 繫溫泉－愛真館　⑫ 遠野故鄉村　⑬ 傳承園　⑭ 河童淵
　⑮ 五大堂　⑯ 觀瀾亭　⑰ 松島灣廣場　⑱ 仙台城跡

🍵 ① 屋台村もつけんど　② 美野幸　③ HoTJaJa　④ 東家本店　⑤ 伊達的牛舌本舖

♨ ① 乳頭溫泉－鶴之湯　② 繫溫泉

恐怖生鬼·下山抓懶鬼

「吼～～有沒有不乖的小孩呀？」「嗚～～有沒有不早起的懶媳婦呀？」
每到12月31日深夜，秋田男鹿半島每個村落都出現了恐怖的鬼怪，
一邊發出吼叫，一邊挨家挨戶找出不聽話的小孩或偷懶不做事的懶人。

我跟觀眾們被領進「男鹿真山傳承館」幽暗屋內，坐在大廳榻榻米上好像拜訪民居，全然沒有心防，直到察覺生鬼已經在門外徘徊想要闖進來，緊張氣氛才開始蔓延。

突然一陣粗暴急促的敲門聲，好像要把整個屋子給拆了，生鬼進屋後，氣呼呼地拿出調查簿質問主人：「你家老婆去年說會好好做家事，可是調查結果也沒認真在做呀！」主人連忙道歉說：「對不起，對不起，她明年一定會好好做的。」

　　生鬼低沉兇狠的聲調，加上用力踱足、揮動武器的粗暴動作，有如兇神惡煞，簡直就像上門討債的黑社會，看戲的我也被那股具有威脅感的魄力驚懾，「好恐怖啊～～」邊想邊偷瞄其他觀眾的反應，大家看似專心觀賞，其實多半也是皮皮挫不敢吭聲吧！

　　接著主人說了一堆好話，生鬼才答應不抓走他老婆，主人又請求生鬼保佑明年風調雨順，生鬼則答應會施法……進行到這裡，還以為即將結束，哪知道生鬼突然跳到觀眾席，要抓走看熱鬧的懶惰鬼，生鬼衝向我身旁的日本遊客，把他嚇得直搖手說不要，而平日懶散的我好生心虛，趕緊故做鎮定不敢動作，深怕惹注意被抓走。

　　這時候，主人趕緊出場求情請生鬼息怒，拿出備好的酒菜請他大吃一頓，生鬼看到好吃好喝的，終於露出鬼臉下的笑容（依我的想像），吃飽喝足，生鬼滿意離去，只留下滿地抖落的稻草，過往習俗是主人會綁在小孩頭上保平安，現在是觀眾趕忙撿起來好帶回家做紀念。

↑　觀眾明知是看戲，照樣被生鬼嚇得哇哇叫。

↑　男鹿真山傳承館是男鹿地區典型民居建築。

　　這一夜，生鬼的任務還沒完，他們大搖大擺到下一家，繼續懲罰偷懶鬼與壞小孩，最後回到真山神社，把稻草衣綁在神社柱子或石獅上，而新的一年就來臨了。

　　這個鬼就是なまはげ（Namahage），過去沒有中文譯名，後來秋田縣決定統一稱為「年神」，也有人稱為「生剝」，不過我比較喜歡「生鬼」這名字，覺得這樣才符合他猙獰的鬼模樣。在宮崎駿動畫電影《神隱少女》曾出現許多日本各地的妖魔鬼怪，生鬼也在裡頭客串了一角。

　　生鬼平日住在「真山神社」，是男鹿半島居民自古以來虔誠信仰的神社，以生鬼傳說及二月舉行的「生鬼柴燈祭典」聞名。

　　每年十二月三十一日晚上（日本除夕夜）生鬼下山，一個紅臉、一個青臉，長獠牙、瞪大眼如魔鬼般的恐怖臉孔，身穿稻草外衣，粗暴凶狠的挨家挨戶造訪，告誡小孩要乖乖聽話，訓斥女人要勤奮做家事，更深的意義是為全家消災避邪，祈求新的一年五穀豐收，因此男鹿半島的居民家家戶戶都很禮遇生鬼。

　　除了過年，生鬼平常不現身，為了讓外地人認識生鬼民俗，神社附設「男鹿真山傳承館」，每天演出生鬼儀式，即使聽不懂日語，光看互動演出也很有意思，我就是在這裡和生鬼相遇的。

1　2
3

1　屋內一眼望去有那麼多嚇人的生鬼，加上刻意的光影效果和嘶吼聲，
　　燈光忽明忽暗，恐怖效果不輸給鬼屋。
2　生鬼面具成為男鹿特色民藝品。
3　兩尊生鬼如「哥吉拉」高大魁武，站在男鹿半島路旁嚇人。

　　陪同的男鹿半島友人說他自己的親身體驗：「我們都是被嚇大的，從小就被
告誡『如果做壞事，就會被生鬼帶走』，我小時候也曾被嚇哭，光聽到生鬼發出
怪聲就好害怕，趕緊躲進櫃子裡，或者死命抱著柱子，好怕被鬼抓走。」

　　好笑的是，男鹿父母看到自己小孩被鬼嚇，一點也不心疼，反而憋住笑配合
生鬼演出，甚至假裝同意讓生鬼帶走小孩，用震撼教育教訓小屁孩，相信來年他
不聽話也難。

　　生鬼風俗傳承已久，已經是日本重要無形民俗財產，在這純樸鄉間，當地人
不願丟棄傳統，依舊持續生鬼習俗，唯一改變的是，過去生鬼由單身的年輕男子
擔任，但男鹿人口外流，年輕人不多了，所以改由老人家扮演生鬼。

1 2 ┄┄ 1　在生鬼館可以變身生鬼，穿上面具與稻草衣，手拿菜刀擺出嚇人姿勢。
　　　 2　師傅正在雕刻面具，這身生鬼行頭居然要價15萬日幣。

　　男鹿真山傳承館旁的「生鬼館」展示神祕風俗由來，可觀賞儀式影片與民俗實物，最有趣也最駭人的是各種生鬼大集合。

　　原來男鹿各地區的生鬼都有不同造型，光是面具就變化多端，有的地區用竹簍糊紙，有的用木頭雕刻，共有六十種生鬼造型。手上武器也不盡相同，有的拿菜刀，有的拿木棍，還有的拿鐮刀，不管拿什麼武器，生鬼武器全都很奧妙，套句電影《食神》台詞，「奧妙之處，可以藏在民居之中，隨手可得」。

　　從前生鬼主要嚇唬的對象是小孩，但現在出生率低，男鹿小孩也很少，生鬼反而變成寂寞老人的除夕貴賓，老人家滿心期待著生鬼一年一度的夜訪，這是愛嚇人的生鬼始料未及的演變吧。

〔真山神社〕

⛩ 秋田縣男鹿市北浦真山字水喰沢97　☎ 0185-33-3033
🌐 www.namahage.ne.jp/~shinzanjinja　🚗 JR「羽立」站，搭計程車約20分鐘

〔男鹿真山傳承館〕

⛩ 秋田縣男鹿市北浦真山字水喰沢　☎ 0185-22-5050　🕗 8：30〜17：00 年中無休
🌐 www.namahage.co.jp/namahagekan　🚗 從真山神社步行可達

生鬼習俗由來與年代已不可考，根據男鹿半島傳說，居然可以牽延到遙遠又古早的中國漢武帝。

傳說，漢武帝帶五隻鬼漂洋過海來到男鹿，卻放任五鬼作怪搶奪農作物與少女，村民忍無可忍，於是雙方約定，如果五鬼可以在一夜之間砌好一千階石階到五社堂，村民便自動獻上少女；如果辦不到，五鬼就要離開村莊。

五鬼真有兩把刷子，石階砌得很快，眼看只剩一階就快完工了，村民很緊張，於是學公雞啼叫，讓五鬼以為天亮便逃走了，作假的村民怕五鬼報復，便扮成鬼樣子到家家戶戶大吃大喝，讓五鬼消消氣，日久演變成過年風俗。

現在當地的五社堂，還真的有999層石階，便是傳說中的五鬼所砌，一夜之間能砌成，看來五鬼的副業是很厲害的工匠呢。

另一種說法，則要從なまはげ（Namahage）字面解釋。男鹿半島位於日本東北地區，冬天冰天雪地，需要靠暖爐來度過寒冷的冬天，但整天窩在暖爐旁取暖懶得動，久了會產生火斑なもみ（Namomi），而なまはげNamahage就是除去火斑的意思，警惕世人不要因為天冷就懶惰不做事。

生鬼妙事：小孩哭愈慘，爸媽愈開心

愈怕鬼，愈容易遇到鬼，幾年後我又在火車上遇見「鬼」，地點是岩手縣三陸鐵道，當火車進入黑暗隧道後，燈光突然忽明忽滅，不知道從哪裡冒出來的生鬼大吼大叫，手拿菜刀敲打桌椅，突然間！鬼抓住我的手想拉我走，我的理智知道是假的，卻依舊被那氣勢嚇到，跟著滿車廂的大人小孩哇哇大叫。

摘下嚇人面具，「鬼爺爺」宇部松藏的真面目像聖誕老公公慈祥，他說，不管是岩手或秋田，東北各地過去同樣都有生鬼習俗，名稱也類似，只是發音略不同。

二次大戰後，生鬼習俗逐漸沒落，宇部爺爺覺得可惜，便到火車上來扮鬼，一來帶動觀光，火車過隧道時乘客不會無聊，二來讓大家重溫恐怖又有趣的習俗。

　　「扮生鬼最大的成就，就是把小孩子嚇哭，這樣兇小孩，卻沒有一個父母會見怪，反而覺得有人教訓挺好的。每次看到小孩子哭得唏哩嘩啦，爸媽在旁邊拍手叫好，最後全車廂一致鼓掌說謝謝，是我最開心得意的時刻呢。」鬼面具下的聖誕老公公這麼說。

　　台灣有沒有類似生鬼的神鬼代表呢？我想七爺八爺應該是首選，兩位鬼使神差負責賞善罰惡，黑臉吐舌令人望之生畏。七爺八爺的「辦公室」城隍廟即使大白天也總是陰暗，有些地方城隍廟還掛上「你來了」的報到匾額，或者是清算善惡的大算盤，警世意味相當濃厚。想做壞事嗎？七爺八爺早晚會抓你去城隍廟「算帳」哦！

這樣 **玩** 秋田

✿ 角館

有「小京都」之稱的角館,是江戶時代秋田藩城下町,至今三百多年歷史,一直保存著當年建造的模樣,走在四線道寬的街道上還以為是現代擴建,其實是當初設計者的先見之明。

厚實穩重的武家屋敷透露武士家「薪事」,比方說「松本家」圍牆為細樹枝,屋子小,算是低階武士,主人薪水想必微薄;「青柳家」有黑色木造圍牆、壯觀的母屋與庫房,是俸祿高的四大家臣之一。

角館的四季皆美,春天有枝垂櫻綻放,夏天綠葉成蔭,秋天紅葉與黑色建物相輝映,冬天飄雪之後,又轉化成黑白世界。

〔角館城下町〕

⛩ 秋田縣仙北市角館町
☎ 0187-54-2700角館町觀光協會
🕐 六座武家屋敷參觀時間9:00～16:30 或17:00
🌐 kakunodate-kanko.jp
🚗 JR「角館」站

✿ 田澤湖

秋田以美女眾多聞名日本,最有名的秋田美人「辰子」相傳住在湖畔,聽說喝了田澤湖泉水可以永遠美麗,結果變成一條龍,傷心地跳進湖裡。

如今,閃閃發亮的辰子像立在湖畔,成了田澤湖著名一景,但遊客可先別急著拍照,因為這故事還有下文。

話說秋田縣西邊的八郎潟住著一位「八郎太郎」,與辰子相愛成婚,但是八郎太郎夏天忙著工作沒時間陪辰子,只能在冬天相見,所以夏天如果有情侶敢在辰子像前合照,會被妒忌的辰子詛咒而分手。

〔田澤湖〕

🛕 秋田縣仙北市田澤湖生保內字男坂68（田澤湖觀光情報中心）　☎ 0187-43-2111
🌐 www.tazawako.org　🚗 JR「田澤湖」站，轉乘公車至「田澤湖畔」站

✳ 賞鳥

　　秋田縣賞鳥地點很多，冬季候鳥飛來八郎潟的溼地棲息，成為賞鳥天堂。生鬼出沒的男鹿半島也有嬌客造訪，十一月至隔年三月在大潟草原鳥獸特別保護區，有黑天鵝、白天鵝、雁鴨等百餘種候鳥過冬。

　　交通最方便的賞鳥地點莫過於秋田市勝平地區，距離秋田車站不遠，候鳥聚集在秋田大橋下的雄物川畔，這裡鳥多而且不怕人，可以近距離賞鳥。

〔雄物川賞鳥區〕

🌐 www.thr.mlit.go.jp/akita/kasen/yachou/yachou_kouen.htm
🚗 JR「秋田」站，往雄物川方向步行約300公尺

❋ 乳頭溫泉

乳頭溫泉是乳頭山麓隱密森林中的祕湯，共有七家溫泉旅館，最古老的「鶴之湯」有三百多年歷史，隔離人煙，還要靠水車發電，但就是這種與世隔絕的氛圍大受現代人喜愛。

膽子大一點的話，不妨試試男女混浴的露天風呂，更衣室男女分開，當地溫泉為乳白色，而且混浴可以破例包浴巾泡湯，不必擔心穿幫。

鶴之湯料理是溫暖純樸的鄉下風味，山芋鍋擺在傳統爐灶上保溫，山芋丸子加上豐富的山菜，吃了全身暖呼呼。

〔鶴之湯〕

⛩ 秋田縣仙北市田澤湖田澤字先達澤國有林50　☎ 0187-46-2139
🌐 www.tsurunoyu.com　🚗 JR「田澤湖」站，轉乘公車至「乳頭溫泉」站

❋ 竿燈祭

　　每年八月初在秋田市登場的竿燈祭，是日本東北四大祭之一，共有250根竿燈參加，竹竿綁上燈籠，長12公尺，輪流用身體各部位去撐起，依序是手掌、額頭、肩膀，最厲害的是以腰部支撐竿燈，簡直神乎奇技。

　　隨著遊行愈來愈HIGH，竿燈也愈接愈長，每增加一段是1公尺，最後長達17公尺，讓觀眾看得又是捏冷汗、又是鼓掌叫好。非祭典期間前來，可參觀「秋田市民俗藝能傳承館」看表演，同時體驗舉竿燈的難度。

〔秋田市民俗藝能傳承館〕

🚻 秋田市大町一丁目3-30　　☎ 018-866-7091
🕐 9：30～16：30，休館日12/29～1/3　🚗 JR「秋田」站，步行前往

〔秋田竿燈祭〕

☎ 018-866-2112　　🌐 www.kantou.gr.jp

這樣 吃 秋田

　　男鹿半島特殊風俗是生鬼，瞬間沸騰的石燒料理也相當生猛，原本是漁夫料理，經過現代改良成為特色美食。

　　知名店家「美野幸」位於入道崎，將燒燙的火山岩丟進木桶裡，湯汁立刻冒泡沸騰，食材瞬間煮熟，也封住了美味，以秋田杉製成的木桶遇熱散發出木頭香。

　　一般石燒料理吃的是味噌口味，美野幸堅持鹽味，才能吃到真鯛原味與好湯頭。最讓我回味的是甜點紅豆麻糬，外裹紅豆內藏米飯，好吃到吃完還要外帶。

〔美野幸〕

🚻 秋田縣男鹿市北浦入道崎字昆布浦2-1　　☎ 0185-38-2146
🕐 夏季11：00～17：00，冬季11：00～15：00
🚗 JR男鹿線「羽立」站，轉乘公車至「入道崎」，步行1分鐘

這樣買秋田

生鬼習俗是傳統老東西，可是日本人就是有本事融入現代玩意，變成可愛的生鬼娃娃，而且還與在地美食緊密結合，手裡武器是秋田名物「烤米棒」。

烤米棒使用秋田特產小町米，米飯裹在木棒上，用木炭爐燒烤，把外表烤得酥酥脆脆的，沾味噌再微烤即可，米香、焦香加上味噌香，樸實味道很好吃，或者切段後煮火鍋，吸飽湯汁也不錯。

在特產店常發現一種玩偶叫「超神NEIGER」，乍看之下很像假面騎士，是秋田縣特產英雄，手上拿的武器也是烤米棒，或者是「鰰魚」造型槍，鰰魚同樣也是秋田特產，魚卵在口中咀嚼時，聲音大到猶如爆裂物。

| 青森縣 | 八戶蕪嶋神社 |

人人都想走鳥屎運

台灣人喜歡說「狗屎運」，踩到狗大便會發橫財，
日本也有類似的「黃金傳說」——到青森八戶蕪嶋神社參拜的人，
都仰著頭看著天上的飛鳥，期望自己可以被從天而降的鳥糞擊中，
而且被鳥糞炸到的人各個手足舞蹈、歡天喜地呢！

　日本青森縣八戶市的蕪島，周長不過8百公尺，原本是獨立小島，如今與陸地相連，島上有一座蕪嶋神社，供奉保佑商業繁榮的弁財天，由於「蕪」的日文發音與股票相同，神社乾脆製作一款能帶來財運、讓股票上漲的御守來討討吉利。

　御守原本銷售普通，直到日本經濟不景氣，求財御守突然成為熱門話題，很多人特地來這個小小的島上買御守，不管是炒股票的、賭馬的、投資的，他們相信只要御守在手，一定受財神眷顧，日本平面與電視媒體也爭相報導。

1　2　3

1　御守以「蕪」為圖案，亦即菜頭，真是「好彩頭」。
2　海貓休息與覓食都喜歡團體行動。
3　原本威風的狛犬被鳥欺，滑落的白色鳥屎彷彿石獅在哭泣。

　　求財御守花錢買就有，但是蕪島有種特別的好運，可是千金買不到的哦！蕪島是海貓繁殖地，這海貓不是貓，而是鳥，多達3萬隻海貓聚集島上，天上飛的、地上走的皆是海貓，不知道從什麼時候開始，人們相信只要在這裡被鳥糞打到就能走運。

　　每年三月，海貓從南方飛來蕪島，在蕪嶋神社可以近距離看見談戀愛的海貓，四月產卵，五月孵化，七月數量最多，八月過後陸續飛回南方，蕪島海貓如貓咪似的哀怨叫聲，還獲選為「日本音風景百選」之一。

　　八戶把海貓當做市鳥，是受保護的天然紀念物，牠們在蕪嶋神社過的日子逍遙自在，把神社當自家客廳，鳥居與石燈籠全被海貓當歇腳亭，海貓甚至不客氣地站在狛犬頭上，把獅頭當馬桶，好不自在！

　　成千上萬的海貓在天空飛翔，遊客難免被白色流彈擊中，然而在蕪嶋神社沒有人會因為沾到鳥大便而生氣，反而很期待天上掉下來的禮物，假如天降好運給你，神社會頒發一張「會運證明書」，保證帶來一年的好運勢。

　　「島那麼小、鳥那麼多，被鳥糞擊中機率應該很大吧？」我是這樣想的，只可惜恰巧下大雨，大半的海貓都在地面散步，頭一次很想被白色流彈打中的我，沒走鳥屎運。

〔蕪嶋神社〕

🛕 青森縣八戶市鮫町　📞 0178-34-2730　🕐 9：30～16：00　🌐 www.kabushima.com
🚗 JR八戶線「鮫」站，步行10分鐘

海貓小故事

　　海貓正式名稱為「黑尾鷗」，是一種中型海鷗，喜歡跟著船隻覓食，長有黃色的腳，鳥喙末端上有紅色斑點，像偷偷擦了口紅，最大特徵是有一條黑色尾巴，並會發出像貓的哀叫聲，因此在日本被稱作海貓。

這樣 玩 八戶 📷

✿ 葦毛崎展望台

　　八戶海岸線美景多，從葦毛崎展望台可欣賞種差海岸壯麗風光以及奇岩怪石，濱海步道沿途有六百四十種植物可欣賞，廣大的天然草皮走在其中相當舒服。這裡也有海貓的蹤跡，似乎哪裡有美景，牠們就往哪裡湊熱鬧。

〔葦毛崎展望台〕

🚗 JR「種差海岸」站，步行5分鐘

❀ 三社大祭

八戶市每年八月初舉辦三社大祭,與東北四大祭幾乎同時,少有外國遊客前往觀賞,別具鄉土趣味。

三社大祭最大特色是山車,設有活動機關,遊行到寬敞街道可以變寬,如果沒有天線阻擋就長高,上下左右層層延展之後,眾多華麗人偶站滿山車噴煙或旋轉,像是台灣霹靂布袋戲的道具一樣厲害。

八戶市幾乎總動員參與遊行,小朋友也來拉車、打鼓或吹笛,相當可愛。隊伍中的老虎特別受歡迎,八戶人相信,只要被老虎咬頭,就等於咬走病痛,看熱鬧的人主動把脖子伸長

長的,等著老虎來咬。非祭典期間,可以到八戶車站賣店,欣賞壯觀的山車。

〔三社大祭〕

🎌 八戶市廳本館前市民廣場　☎ 0178-22-5501
🌐 www.hachinohe-cb.jp/festival02.html
🚗 JR「八戶」站,步行前往

❀ 沿步利祭典

每年二月十七日至二十日八戶舉辦「沿步利」(Enburi)祭典,沿步利指的是古早農具「杁」,已有八百年歷史,舞者戴著類似馬頭的烏帽

子，模仿馬使勁甩頭，也舞出耕田、插秧等農耕動作，目的是為了祈求豐收，並穿插小朋友跳舞、模擬釣魚等滑稽表演，更增加可看性。

　　祭典期間，白天在八戶市廳前市民廣場、市中心街等地點表演沿步利，晚間則在百年歷史建物「更上閣」演出。非祭典期間前來，可到「八戶市博物館」參觀民俗展示，並欣賞館藏的烏帽子。

〔沿步利祭典〕

⛩八戶市廳本館前市民廣場　📞0178-27-4243　🌐www.hachinohe-cb.jp/enburi/index.html

🚗JR「八戶」站，步行前往

❋ 八戶朝市

八戶漁港附近有兩處朝市,「湊日曜朝市」只在周日開張,共有四百家店舖,「陸奧湊驛前朝市」則是平日營業,約兩百多家店舖,賣著八戶漁獲與蔬菜。

前來逛朝市感受八戶早晨的活力,還可以順便吃早餐,買了干貝、烏賊、海膽等自己喜歡的海產,帶上二樓座位區,再加買白飯、海鮮味噌湯,自製一碗食材奢華、價格便宜的海鮮丼。

〔陸奧湊驛前朝市〕

☗ JR陸奧湊站前　☎ 0178-33-7242
🕐 3:00~10:00,周日、第二個周六、新年休市
🚗 JR八戶線「陸奧湊」站

〔湊日曜朝市〕

☗ 青森縣八戶市新湊館鼻岸壁　☎ 0178-80-7878
🕐 3月中旬至12月每周日清晨~9:00,周一至周六休市
🌐 www.ukipal.jp/web_asaichi/tatehana/top/
🚗 JR八戶線「陸奧湊」站,步行前往

❋ 屋台村

屋台村類似台灣夜市,內部打造成復古巷弄,兩排攤販賣著拉麵、燒烤、關東煮等小吃,不能錯過的是八戶特色美食仙貝湯與烏賊料理,是一個體驗八戶夜生活的好去處。

〔屋台村〕

☗ 八戶市三日町到六日町之間的三六橫町
🌐 www.36yokocho.com
🕐 18:00~01:00(依店舖實際時間為準)
🚗 JR「本八戶」站,步行10分鐘

這樣 吃 八戶

❀ 烏賊料理

八戶烏賊產量日本第一，一年四季都吃得到，夏末是盛產期。以烏賊料理聞名的「八光」（はっこう）餐廳，老闆會作三十種烏賊料理，不同的烏賊適合不同的料理方式，包括煎、煮、炸、烤、煮湯、醋醃、乾燥、生魚片等等。

自豪的創意料理「Pon Pon」，將烏賊內臟、腳與蔥塞入整隻烏賊，以醬油、酒、糖、高湯熬煮20分鐘入味，因為燉煮時會發出「Pon Pon」聲音而得名。

〔和食處八光〕

🚩 青森縣八戶市長橫町4-10　📞 0178-45-5901　🕐 11：30～14：00、17：00～22：00周日休
🚗 JR「本八戶」站，步行15分鐘

這樣 買 八戶

在港都八戶很容易買到乾貨土產，或者購買在地小吃「仙貝湯」原料，口感類似薄薄的麵疙瘩。

逛朝市時，偶爾會與背著竹簍的婆婆媽媽擦身而過，是八戶沿海常見的景象，男人出海捕魚，女人出門賣魚，以竹簍運送漁獲才能省力，在朝市裡可以買到很鄉土的小小竹簍編織。

八戶位在蘋果產地青森縣，許多伴手禮都跟蘋果有關，蘋果茶具、蘋果錢包、蘋果甜點、蘋果汁等等，紅通通的蘋果不管做成什麼都很可愛。

| 岩手縣 | 遠野常堅寺 |

河童出沒注意！

可別以為河童就只是經常出現在日本卡通漫畫、頭上頂著碟子的小妖怪，
我到遠野常堅寺領取一張河童捕獲許可證，
帶著一根釣竿與小黃瓜，竟然就可以釣起河童來了！

遠 野鄉位於岩手縣山區，跟地名漢字的意義一樣，確實又偏遠又鄉野，也因
為夠鄉下夠封閉，才能完整保存許多鄉野傳奇，是日本老少皆知的民話故
鄉。

在遠野這塊偏鄉僻壤，每一位老人家都像司馬中原爺爺一樣，非常擅長講鬼
故事，一百多年前有位作家柳田國男記述遠野人佐佐木喜善說的故事，並寫成
《遠野物語》一書出版，最有名的一篇是河童想把馬拖下水的故事，讓河童自此
與遠野劃上等號。

↑ 卡通《河童之夏》裡的河童主角曾來遠野找同類。（翻拍自《河童之夏》海報）

← 遠野農村曲家民居如L字型，人與馬同在屋簷下。

　　河童究竟長什麼模樣？根據妖怪專家多田克己在《日本神妖博物誌》中的描述，河童看起來就像是介於二至十歲左右的小孩，頭頂圓盤，紅臉，圓滾滾的黃色大眼，身體黏黏滑滑、有腥味又有斑點，背上有像烏龜一樣的甲殼，最不可思議的是，有三個屁眼，放屁非常臭，若吸個正著有猝死可能……似乎與可愛動物相去甚遠。

　　從盛岡開車近兩小時抵達遠野，我拜訪了「遠野故鄉村」的鈴木村長，請她介紹村內移建的曲家民居，每一座都有數百年歷史，走在其中猶如重返武士時代的農村生活。

　　「村長村長，你有看過河童嗎？」「我是沒看過，如果妳晚上住這裡，也許會遇到座敷童子。」遇……遇到座敷童子？村長講得像遇到民宿裡的小朋友一樣順口，如此稀鬆平常的口吻讓我不禁期待了起來。

　　座敷童子是模樣像孩童的精靈，日本東北人相信家中若有座敷童子，必定帶來興盛。座敷童子喜歡住在歷史悠久的房子，遠野故鄉村裡的老屋正好符合這樣的條件，曾有借宿學生凌晨聽到小孩子的腳步聲，老人家說那是座敷童子在嬉鬧。妖怪專家多田克己曾在書中寫到，座敷童子可能就是河童跑到家裡惡作劇。

　　村長告訴我一個很溫馨的故事，幾年前宮城縣某公園搬走遠野一棟老房子作展示，有遠野人去造訪，突然天花板飄下粉紅色紙屑，大家都心有靈犀地認為那是座敷童子看到故鄉人，開心灑紙花表示歡迎。對遠野人來說，座敷童子就像鄰居一樣，很親近也很親密，並非遙遠神祕的一般傳說。這故事感動了我，也再度證實遠野人真的很會講故事呢！

遠野還有許多美麗傳說。比如我到「傳承園」，坐在古民居火爐旁，聽老婆婆用日本人也聽不太懂的遠野方言講鄉野傳說，那是一則人馬戀的淒美愛情，少女愛上馬，馬兒卻被父親殺掉，少女傷心而死化作養蠶之神，故事淒美而動人。

　　只是，人到了遠野，說什麼也想看看河童，我問老婆婆：「請問妳有看過河童嗎？」說故事的老婆婆和藹回答：「說再多也沒用，不如妳自己去釣一隻回來吧！」

　　釣……釣河童？老婆婆講得像到夜市撈金魚一樣輕鬆，究竟，這是什麼意思呀？傳承園的人遞給我一支釣竿、一根河童愛吃的小黃瓜，還有一張「河童捕獲許可證」，交代了七個注意事項：一、要活捉、不能殺害河童；二、捕捉時不能讓河童頭頂圓盤掉下來；三、限定在河童淵捕捉；四、只能捕抓紅臉大嘴的河童；五、禁止使用金屬工具；六、必須使用新鮮野菜當餌；七、捉到河童之後，需經過遠野市觀光協會承認。還有還有～「許可證有效期限只有一年哦！」

　　聽完這段話我整個人更加迷惘了，現在還在說故事嗎？可是我手上確實拿到了許可證啊！究竟，這是怎麼一回事？

　　得到了釣河童的資格，接下來就要到常堅寺尋找河童了，河童在哪裡？前方出現掃落葉的住持爺爺，似乎深藏不露。

　　「住持住持，請問你有看過河童嗎？」「有啊有啊，寺裡就有兩隻。」有……有兩隻？住持爺爺講得像發現兩隻小狗打架一樣簡單。究竟，我是身在何處？

　　住持爺爺帶我到寺裡，指著兩隻狛犬說：「這就是了。」

　　這兩隻狛犬實在太有意思了，頭頂有淺碟般的凹處，與傳說中河童頭戴碟子的造型一樣，原來這就是「河童狛犬」，全日本只有遠野常堅寺看得到。

狛犬小知識

日本神社寺廟的狛犬，模樣類似台灣廟宇石獅，像狗又像獅，同樣門口擺放一對，左右各一，但難辨雌雄，不像台灣石獅性別明確，公獅有明顯的生殖器、母獅則逗弄幼獅；日本狛犬體型也如同日本人，較為清瘦。

↑　圖為鎌倉江島神社狛犬。

1	3		1	鄉野老人在火爐旁講述代代傳承的民話故事。
2			2	河童捕獲許可證效期只有一年。
			3	信徒供奉的錢幣，直接就放在河童狛犬自備的碟子裡。

　　為什麼常堅寺出現河童狛犬？答案要回到《遠野物語》，調皮河童想拉馬下水，反被馬拉回家的故事，在常堅寺留有後續。

　　話說調皮河童為了表達歉意，成為母子守護神，有一回常堅寺火災，河童又充當救火隊，用頭上碟子的水滅了火，信徒感激河童救了寺廟，才有了特別的河童狛犬。

　　常堅寺後院的蓮池川，就是傳說河童出沒的河童淵，河童只喜歡乾淨河水，清澈見底的河童淵，想必是他們的五星級泳池。河畔小祠堂祭祀河童，裡裡外外都是河童，陶瓷河童、布偶河童、銅塑河童、木雕河童，傳說河童可保佑產婦奶水充足，祠內供奉品是乳房狀的紅色填充物。

　　立了釣竿、綁根小黃瓜，我在河畔等著河童上鉤，還把相機準備好，隨時可以拍張照，等啊等的，忽然瞄到一旁立牌寫著：「小心被河童拖下水，尤其是美女」！

↑　居民農忙後，坐在廊下喝茶歇息。

↑　柿子成熟後曬乾就成為鄉土零嘴。

　　看到這個惹人發笑的警告標誌，我突然領悟到，日本到處都有河童傳說，為何唯獨遠野河童最有人氣？就是那種搗蛋不成反被抓，幫忙救火不惜用頭上碟子的水，迷糊又率真的遠野河童實在太可愛了。今日遊客大多是衝著河童造訪遠野，為鄉下帶來許多活力，說不定這也是默默守護遠野人的河童在背後給的力！

　　天色漸暗，該離開遠野了，告別時，當地的婆婆媽媽很想要送我伴手禮，但是一時之間想不出要拿什麼給我做紀念，因為遠野實在很純樸啊！感覺上她們商量了一會兒之後，有了共識，一位婆婆帶來一瓶自釀的濁酒遞給我，「酒瓶別蓋緊啊，還在發酵中哦。」謝謝遠野的婆婆媽媽，這濁酒我帶不回台灣，於是我在岩手那幾天，每晚回到旅館便分次將濁酒喝完，沒辜負這份伴手禮，遠野河童固然討喜，人情味更可愛呢。

〔遠野常堅寺〕

🛕 岩手縣遠野市土淵町土淵7-50　📞 0198-62-1333遠野市觀光協會
🕐 9：30～16：00　🌐 遠野市網站www.city.tono.iwate.jp
🚗 JR釜石線「遠野」站，可在車站前租借自行車，或搭乘市區巴士抵達傳承園，步行到常堅寺約5分鐘

↑　河童小祠堂外的河童媽媽正在餵奶。

↑　河童淵溪水清澈，傳說是河童最愛出沒的地點。

河童妙事：東京曹源寺，河童骨頭曝光？

遠在天邊近在眼前，我在偏遠的遠野釣不到河童，反而在東京最新地標晴空塔下的曹源寺，目睹到了河童手骨。

曹源寺（通稱河童寺）位在合羽橋道具街附近，位置隱密且佔地不大，若不仔細尋找，還很容易錯過。河童與合羽不但日語一樣讀作かっぱKappa，還有一段淵源故事。

江戶時代當地地勢低漥，降雨後常造成洪水，一位年輕人合羽川太郎決心改善現況，自行治理排水工程，合羽川太郎辛勤施工的善舉，感動了隅田川河童，於是夜晚偷偷前來幫忙，最終完成工程。

↑　河童寺外觀不起眼，但好像隱藏很多秘密。

當地流傳，凡是目擊河童的人都會生意興隆，河童寺除祭拜河童大明神外，也有合羽川太郎墓碑。日後有人捐贈河童手骨，再添增河童寺的神祕，河童也成為合羽橋道具街的守護神，保佑買賣興隆特別靈驗。

隔著一層玻璃，我看到了河童手骨，就像埃及木乃伊一樣乾癟，說不上來是哪種動物的遺骸更讓人覺得「說不定真的是河童」。有趣的是，一般都是投錢的奉納箱，河童寺則擺著一根根的小黃瓜，可別以為這是菜攤，這都是要奉獻給河童享用的。

↑　河童寺前一對河童石雕，性別特徵明顯。

〔曹源寺〕

🏠 東京都台東區松が谷3-7-2　　📞 03-3841-2035
🌐 www.sogenji.jp
🚗 地下鐵日比谷線「入谷」站，步行12分鐘

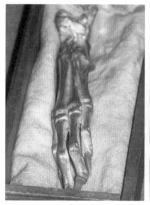

1　2　3

1　據說寺方曾送手骨去研究，鑑定結果是無法判斷為哪種動物。
2　此處還珍藏一幅隅田川河童挖掘河道的畫作。
3　奉納箱上滿是奉獻給河童享用的小黃瓜。

這樣 玩 遠野 📷

❈ 遠野故鄉村

遠野故鄉村散置幾戶江戶至明治時代的曲家民居，是遠野典型的老屋子，從前農民與馬生活緊密，為了就近照顧馬，將房舍與馬廄結合成L型。村裡還有水車、小溪、田園，重現昔日山村生活，走在其中猶如時光倒返數百年，古樸的環境卻不顯髒亂，非常適合闔家探索古日本文化，講究取景的日本歷史劇如《天地人》、《龍馬傳》都曾來此拍攝。

〔遠野故鄉村〕
🛕 岩手縣遠野市附馬牛
　町上附馬牛5-89-1
☎ 0198-64-2300
🕐 9：00～17：00
🌐 www.tono-furusato.jp
🚗 JR「遠野」站，轉乘
　早地峰巴士約25分鐘
　至「ふるさと村」站

❋ 傳承園

在傳承園可以預約聽鄉野傳奇，由老人以遠野方言講述代代相傳的民間故事，最具代表性的是馬與姑娘的悲戀故事。

遠野自古就養馬，有個女孩從小跟一匹馬感情好，連睡覺都睡在一起。有一天，女孩的父親被調去打仗，一直沒有回來，女孩就在馬的耳邊說：「如果你把我父親接回來，我就嫁給你。」第二天馬消失了，幾天後駝著女孩父親的屍首回來。祖父當然不願意將孫女下嫁給一匹馬，他瞞著孫女在一棵桑樹下把馬殺了，剝下馬皮披在樹上。女孩知道後在桑樹下痛哭，馬皮竟然包覆女孩，輕輕地托到天上去。後來，女孩化作蠶神，託夢給家人，要祖父拿桑葉去餵食那白白的、頭長得像馬的小蟲，等蠶吐了絲，世世代代就不愁吃穿了。

這個傳說成為遠野人家代代祭祀

的獨特信仰。隨著時代變遷，蠶神已少人祭祀，園內的御蠶神堂收集來上千多尊蠶神，讓遊客祈福並認識蠶神風俗。

〔傳承園〕

⛩ 岩手縣遠野市滷土町土滷6-5-1　📞 0198-62-8655
🕐 9：00～17：00全年無休
🌐 www.densyoen.jp

這樣 買 遠野

遠野以河童聞名，到處都可以買到河童伴手禮，筷架、香座、掏耳棒，每一樣都是可愛的河童造型。值得紀念的「河童捕獲許可證」，在遠野市區各觀光設施點或案內所皆可購買。

| 岩手縣 | 盛岡市三石神社 |

鬼的悔過書

你有沒有小時候惡作劇、被罰寫悔過書的經驗？

在日本岩手縣就有這樣的妖魔鬼怪，壞事做多了被逮到，只得畫押保證不再犯，

他的悔過書影響甚大，從此改變了岩手之名，也改變了岩手的每一個夏天。

岩手朋友Gerry桑說要帶我去看一間偉大的神社，這間「三石神社」影響力很大，因為有了三石神社，才有了「岩手」這個地名，而岩手縣面積在日本的都道府縣之中排行第二，僅次於北海道而已，就可以知道三石神社的神力有多厲害了。

Gerry桑開著車經過盛岡市區熱鬧街道，鑽進小路在旁邊停下來，跟我說：「三石神社到了。」我沒察覺到神社的存在，心頭還嘀咕是不是得走一段路？下了車才發現，原來路旁這座乍看不起眼的小型神社，就是傳說中的三石神社啊？失敬失敬！

帶著對「偉大神社」的疑惑，穿過小巧的鳥居，眼前最震撼的景象就是三塊大石頭，而神社建築蓋在巨石旁，好比站在大明星身邊的素人，很容易就被忽略了。

這三塊巨石高約6公尺，猶如刻意被豎立起來，它們驕傲而神祕的站立姿勢，讓我聯想起花蓮瑞穗的掃叭石柱。據說，巨石是從前岩手山火山爆發時飛來的，受到當地人敬畏而蓋了神社。

三石神社是岩手縣盛岡市內最古老的神社，以抓鬼出名。

從前從前，有個羅剎鬼來村莊搗蛋，困擾旅客與村民，人們忍無可忍，到神社祈求三石神明幫忙抓鬼。神明聽到村民請求，挺身而出抓了鬼，綁在這三塊巨石上。

羅剎鬼被逮後，就像做錯事的小孩，拜託村民饒了他，並在岩石上留下手印畫押，當作悔過書以茲證明。人們看到羅剎鬼如此誠心地道歉，便放他走了，從此惡鬼不再出現，岩石上的手形經過歲月流轉，成了「岩手」地名由來。

惡鬼不來了，所以盛岡舊名為「不來方」，現在盛岡市民春天賞櫻、秋天賞楓的岩手公園，內有南部藩盛岡城遺址，別名正是「不來方城」。

1　盛岡美女說：找找看鬼的手印在哪裡？
2　從鳥居外看不出三石神社神奇之處。
3　三塊石頭大到讓人幾乎忘記神社的存在。

↑　三石神社是三薩舞祭發源地。

　　「鬼的手形在哪兒啊？」「就在那！就在那！」現場所有岩手人，不管老的小的都指向岩石某一處，他們說：「很好辨識呀，鬼的手形上頭是不長青苔的。」岩手朋友講得好篤定，我卻看得霧煞煞，一根鬼手指都看不出來……想來是需要一點慧根的！

　　穿越時空回到趕走鬼的年代，當村民確定鬼怪不再來，開心地繞著岩石跳舞慶祝幾天幾夜，並大呼「Sansa！Sansa！」Sansa是快樂的節奏，沒有字面上的意義，人們邊舞邊喊Sansa，成了日本全國有名的「三薩舞祭」起源。

　　直到今天，每年八月初盛岡三薩舞祭活動開始前，舞者必須先到三石神社祭拜，遊行隊伍也必須從神社出發，已經成為在地人的傳統慣例。三薩舞祭與青森睡魔祭、秋田竿燈祭、仙田七夕祭並列為日本東北四大祭，舉辦時間都在八月初。

　　有一年我跑遍東北四大祭，一日一祭典，天天熱血沸騰，我的心得是——睡魔祭推出巨型燈籠遊街，贏在魄力；竿燈祭舉竿神技最高竿，驚險取勝；七夕祭有流蘇裝飾與花火，屬於靜態浪漫；而三薩舞祭特色是動感十足，跳群舞、打太鼓，整個盛岡街頭都成了三薩舞台，人們邊舞邊喊「Sansa！Sansa！」鼓手頭戴花斗笠、腰間綁彩帶，手舞足蹈帶動彩帶飛揚，好看極了！

回想起來，那年夏天揮灑汗水走訪的東北四大祭典，如今徒留畫面，只有三薩舞的「Sansa！Sansa！」聲響以及太鼓節奏時常迴盪在我的腦海，看來鬼的悔過書，好像真的有魔力哦！

〔三石神社〕

🈂 岩手縣盛岡市名須川町2-1　📞 019-604-3305盛岡觀光協會　🌐 岩手縣觀光門戶網站www.japan-iwate.tw
🚗 JR「盛岡」站，轉乘公車到「大泉寺口」站，步行約3分鐘可達

海嘯捲不走的事

「他拚了命在災區尋找，就是找不到太太屍體，家裡的照片也沒了。」我在飛機上小小的螢幕中看完了《深夜食堂》電影版，一段描述三一一海嘯災民來東京的故事，劇情並不煽情，但眼淚就是情不自禁地流下來了。

二〇一一年三月十一日發生東日本大地震，巨大海嘯席捲了岩手海邊，新聞畫面重複播放海嘯衝破了宮古市田老町的堤防，我整個人都呆掉了，因為那裡是五個月前我才造訪過的地方。

當時來到田老拍攝海邊的奇岩怪石，車子停在港邊，眼前的堤防高得奇特，三陸鐵道赤沼先生

↑ 二〇一一年東日本大地震引發海嘯，路面斷裂令人心驚。

說，一百多年來發生兩次大海嘯，田老町都沒逃過，所以蓋起超級堤防，海邊還有一道道較矮的防波堤，多層防護以保護居民安全。

原以為高達10.45公尺的堤防很妥當，這堤防還被譽為「海上萬里長城」，哪知道大自然的威力更加可怕。

海嘯過後我回到岩手，赤沼先生帶我重返宮古市以及田老町，在地人跟我說了許多故事，一八九六年與一九三三年兩次大海嘯，田老町都傷亡慘重，許多家庭全戶遇難，所以從小長輩就提醒他們，如果海嘯來了，絕對要放下一切自顧自的往高處跑，不要管別人。」這不是自私，是因為這樣才有機會為每個家族保存一脈香火。

1　2
3　4

1　白沙、青松、藍天、碧海，構成淨土濱絕美景致。
2　海嘯過後，淨土濱的白沙遭海浪掏空。
3　站在堤防上俯瞰海嘯過後的田老町，與左邊照片原樣差距甚大。
4　岩手海岸線以壯麗海景與奇岩怪石聞名。

　　「捨己救人」原本是被稱頌的偉大情操，但遭逢多次海嘯浩劫的地方，另有一套不同的價值觀。

　　然而，在這次大海嘯中，卻仍有許多人「不聽長輩教誨」，捨己救人，展現人性的本善。宮古市一位警察為了引導人群避難，堅守崗位，放棄最後求生機會，最終沒入海嘯之中。

　　我重返宮古市時，海嘯已過了一年，我看到警察站崗所在處仍不斷有人獻花，只要花枯萎了，就有民眾默默換上鮮花。

　　赤沼先生是田老居民，他指著消失的家說：「家沒有了，可以再蓋，最難過的是，過世父母留下的照片，卻再也找不到……」

　　「連一張照片都沒留下來。」《深夜食堂》同樣出現這句話，看似平淡的一句話，確實是許多災民的心底傷痛。

生命會逝去，但記憶抹滅也是莫大的悲痛，我們往往認為重建，就是把堤防、道路、房子蓋回來，但是在岩手，「照片重建」是重要的重建工程之一。

　　盛岡廣域振興局局長菊池正佳說，他們特地向專家學習照片修復技術，將居民遭海水與污泥破壞的照片復原。小小的舉動對災民意義不凡，有些災民看到復原後的照片，泛著淚光說謝謝。以為徹底失去的東西，卻能重新回到自己手上，這份感動，相信你我都能感同身受。

這樣 玩 盛岡

❋ 小岩井農場

　　盛岡近郊的小岩井農場，創立於一八九一年，位在岩手山山腳，面積廣達三千公頃，充滿田園氣息，遊客可體驗騎馬、搭馬車、擠牛奶、看牧羊秀，品嘗蒙古烤肉、蛋包飯等餐點，近年推出森林散步、歷史導覽兩種深度農場巡禮，大受遊客好評。

每年五月初綻放的「一本櫻」是小岩井傳奇，身分為江戶彼岸櫻，一百多年前農場為了讓牛群乘涼而種植，又為了農耕機方便通行，廣大草原就只種了這麼一棵樹，豈料日後成為櫻花界的大明星，花季期間賞花人潮多到塞車，非花季期間也是草原上一支獨秀的美麗焦點。

〔小岩井農場〕

鳥居 岩手縣岩手郡 石町丸谷地36-1　☎ 019-692-4321　🕐 9：00～17：30，積雪季節至16：30　🌐 www.koiwai.co.jp
🚗 JR「盛岡」站，到東口10號站牌搭公車，約40分鐘至「小岩井農場まきば園行き」站

❋ 石割櫻

　　盛岡地方法院中庭一株江戶彼岸櫻，因為切割堅硬的花崗岩從石縫中長出，被稱作「石割櫻」，在夾縫中求生存，還曾遭祝融波及，隔年照樣開花，強悍的生命力與美麗，深受盛岡人喜愛，經指定為國家天然紀念物。

　　石割櫻樹齡約三百多歲，每年四月中旬開花，秋天葉子轉黃到紅的姿態，也十分迷人。

〔石割櫻〕

鳥居 岩手縣盛岡市內丸9-1　☎ 019-621-8800盛岡觀光協會　🚗 JR「盛岡」站，步行20分鐘

❀ 恰咕恰咕馬節

　　每年六月第二個周末舉行的恰咕恰咕馬節，主角是馬，上百匹馬兒從瀧澤村稻田漫步到盛岡市，一身裝扮華麗搶眼，「恰咕、恰咕」地響著鈴鐺，獲選為日本音風景百選。

　　瀧澤村自古依靠馬匹耕田，人們生活離不開馬，為了感謝馬的辛勞，也祈求家人健康，江戶時代便開始讓馬兒穿上繽紛亮麗的裝束到神社參拜，一九三〇年演變成走到盛岡的恰咕恰咕馬節，遊行隊伍早上九點半自瀧澤村鬼越蒼前神社出發，下午一點多抵達終點盛岡八幡宮。

〔瀧澤村觀光協會〕

🌐 www.takizawa-kankou.jp/

❀ 盛岡手工藝村

　　盛岡手工藝村聚集十多個工房，都是盛岡各種鄉土工藝，不僅可買、可看，還可DIY，體驗藍染、陶藝、竹工藝，或者烤個南部仙貝、做碗盛岡冷麵，完工後現場品嘗。村裡有一座遷移來的南部曲家傳統民居，馬與家人生活在同一個屋簷下，感受從前農民對馬的愛惜。

〔盛岡手工藝村〕

⛩ 岩手縣盛岡市繫字尾入野64-102
☎ 019-689-2201　🕐 8：40～19：00
🌐 www.tezukurimura.com/main
🚗 JR「盛岡」站，轉乘公車約30分到「盛岡手づくり村」站

繫溫泉

盛岡御所湖畔的「繫溫泉」已有九百年歷史，相傳武將源義家的愛馬受傷，他把馬兒繫在石頭上，聰明的馬自己泡了湯，傷口很快痊癒，於是被稱做繫溫泉，繫馬的石頭還保留在當地。

繫溫泉有十多家溫泉旅館，其中「愛真館」是日劇《旅館之嫁》的取景地，館內溫泉水池種類多，出現在劇中的「夢枕之湯」，有枕木可輕鬆倚靠；另一個豎穴之湯是站著泡的湯，讓泡湯客感受浮力的奇妙，非常有趣。

〔愛真館〕

岩手縣盛岡市繫字塗澤40-4　019-689-2111　www.aishinkan.co.jp

JR「盛岡」站，轉乘公車約30分鐘到「つなぎ溫泉」站，步行到愛真館，或預約旅館免費接駁

這樣吃盛岡

一口蕎麥麵

從前農業社會宴客，最後一道要吃蕎麥麵，但是一鍋麵要讓大家同時吃到，必須分成很多份，所以給每個客人吃一點，再繼續煮下一鍋，演變成一口蕎麥麵，15碗等於一碗普通蕎麥麵。

「東家」是一口蕎麥麵名店，客人手拿著空碗，由服務生倒麵，喊著「鏘鏘」、「嗲嗲」鼓勵客人再來一碗，男生大約吃50至60碗，女生30至40碗，若要破紀錄者，則要500碗起跳，吃飽的話把碗蓋起來就算結束。

〔東家（站前店）〕

岩手縣盛岡市盛岡站前通8-11　019-622-2233

11：00～20：00

www.wankosoba-azumaya.co.jp

JR「盛岡」站，步行1分鐘

✳ 盛岡冷麵

十九世紀有位盛岡人去朝鮮吃到冷麵，把這味道帶回家鄉，與平壤冷麵不同的是，盛岡冷麵使用麵粉與澱粉製做麵條，更加彈牙。

每一家冷麵各有獨門湯底，「ぴょんぴょん舍」使用蔬菜、牛骨、雞肋骨熬湯頭，配菜有醃牛肉、水煮蛋、小黃瓜，夏天加一片西瓜，冬天加水梨或蘋果，喜歡重口味的話，可倒入泡菜與泡菜汁，吃起來清爽開胃。

〔ぴょんぴょん舍（站前店）〕

⛩ 岩手縣盛岡市盛岡站前通9-3 　☎ 019-606-1067
🕐 11：00～24：00 　🌐 www.pyonpyonsya.co.jp
🚗 JR「盛岡」站，步行1分鐘

✳ 盛岡炸醬麵

中國東北炸醬麵數十年前傳進盛岡，成了盛岡三大麵之一，創始店為「白龍」，另一家名店「HotJaJa」位在盛岡站附近，使用扁平烏龍麵，拌上肉末味噌與小黃瓜，視個人口味加辣油、蒜泥等調味料，吃麵最後留下一點點，請店員加湯、打個蛋，就變成一碗蛋花湯。

〔Hot Ja Ja〕

⛩ 岩手縣盛岡市盛岡站前通9-5 佐川大樓1F
☎ 019-606-1068 　🕐 10：00～24：00
🌐 www.pyonpyonsya.co.jp
🚗 JR「盛岡」站，步行1分鐘

這樣 買 盛岡

過去統治岩手中北部、青森東部為南部藩，留下許多以南部為名的手工藝品，南部鐵器、南部古代型染與南部杜氏日本酒，都是代表性的伴手禮。

盛岡有恰咕恰咕馬節，很多特產店都看得到裝飾華麗的馬木雕，稱作「恰咕恰咕馬」，紅馬代表祈求幸福，白馬是家內平安，黑馬代表事業順利，買回家當裝飾別具意義。

不愛招財貓・只愛仙台四郎

在仙台吃飯或購物，結帳時會發現櫃檯擺的不是招財貓，
取而代之的是一個笑起來帶點傻氣的人物，
有時還附帶一張黑白照，這便是仙台在地福神「仙台四郎」。
對仙台店家而言，仙台四郎的功力比招財貓還管用！

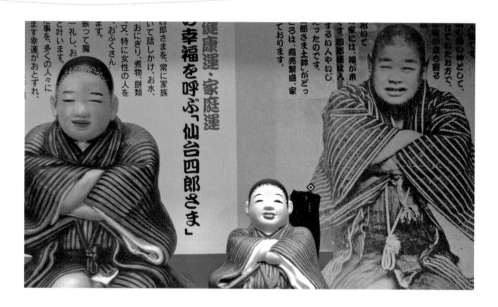

俗話說「傻人有傻福」，仙台四郎是個傻人，不只自己有傻福，還替別人招福。

　　仙台四郎並非杜撰人物，他出生於江戶時代末期，本名芳賀四郎，家中從事槍工匠行業，出生時就像一般孩子一樣活潑調皮，七歲那年掉進河裡溺水，雖然救回性命，但從此智力受到影響，不會講話，只會發出簡單聲音，被人戲稱「傻瓜四郎」（しろばか Shirobaka）。

↑　三瀧山不動院有齊全的仙台四郎周邊商品。
←　笑呵呵的仙台四郎，生前身後都深得人緣。

　　智能不足，四肢卻發達，仙台四郎有著胖呼呼的體型，大光頭、大耳朵、笑口常開，還有一雙天真無邪的小眼睛，哭鬧的小孩被他一抱便停止哭泣，總之就是一個討人喜歡的傻大個兒。

　　他經常在仙台市區遊走，有時隨手幫店家打掃，肚子餓了就吃霸王餐，看到食物拿了就吃，或是直接討東西吃，有的店家大方不介意，願意請客或賞他一點打掃小費，有些店家則把他當過街老鼠趕走。

　　說也奇怪，只要招待過仙台四郎的店家，日後都生意興隆，而驅趕他的店家則門可羅雀，久而久之，大家認為仙台四郎是福神，會帶來商業繁榮，搶著拜託他大駕光臨。別看他傻，只要是他不喜歡的店家，怎麼樣也請不動他，這是仙台四郎令人稱奇的事蹟之一。

　　還有一則仙台四郎軼事，人們說他不修邊幅，衣不蔽體，衣服底下的那話兒更是經常晾在陽光下，所以舉凡他的相片、畫像、雕像或紀念品，都明顯是個露鳥俠，穿幫也是他的招牌形象。其實日本人自古崇拜生殖器，至今在鄉間依舊常見，仙台四郎的爽朗露鳥，被視為開運招福的元素之一。

　　一九○二年，仙台四郎在福島縣須賀川過世，享年四十七歲，生前拍下一張照片流傳後世，腳跪坐、手抱胸、笑呵呵的模樣，看起來就很有福氣，於是逐漸取代了招財貓，仙台人相信貼在店內能招攬生意，後來習俗擴散到整個宮城縣，偶爾在東北各地也可見到仙台四郎。

↑　每逢仙台七夕祭，一番町通佈景美，逛街女孩也美。

↑　三瀧山不動院供奉仙台四郎，保佑商店街生意興隆。

　　遊客來仙台必定遊逛「一番町通」，是相當熱鬧的現代商店街，拱廊式街道搭建晴雨棚，管他外頭刮風下雪或出大太陽，在這裡都能逛得很過癮，每年夏天仙台七夕祭，一番町通是主要會場之一，繽紛浪漫的華麗裝飾綿延整條商店街。

　　如此摩登的大型商店街，裡頭隱藏一座小巧的傳統寺廟「三瀧山不動院」，主祀不動明王，但以「仙台四郎安置之寺」出名，庇佑商店街生意興隆，也方便附近店家就近參拜。

　　寺裡有一尊大型仙台四郎塑像，兩旁擺售印有招牌福像的手形、茶杯、毛巾、照片與娃娃，許多遊客正忙著低頭挑選，他的肖像彷彿笑呵呵地說：「來買喔！來買喔！」

　　然而，仙台四郎真的招財嗎？每當我發現店面擺著仙台四郎，看到他那張無邪笑臉，心裡確實會心一笑，他的天真爛漫、純粹態度，提醒世人返樸歸真，最重要的是，也提醒做生意的商家們不要擺臭臉了，要學習仙台四郎以笑待客，財運自然源源上門。

〔三瀧山不動院〕

⛩ 宮城縣仙台市青葉區中央2-5-7　☎ 022-221-3056　🌐 www.mitakisan.com　🚗 JR「仙台」站，步行5分鐘

宮城妙事：伊達政宗帥不帥？

最喜歡哪位戰國人物？我一連詢問幾位日本年輕人，聽到答案多半是伊達政宗，原因是「很帥」、「很熱血」，這答案我並不意外，他們指的是「戰國無雙」、「戰國BASARA」電玩裡的帥哥政宗。

伊達政宗究竟帥不帥？真相只有一個，要到仙台市「瑞鳳殿」找答案，這裡是伊達政宗的靈廟，在兩排石燈籠夾道迎接中，我拾階走上六十三階參道，眼前金碧輝煌的建築正是政宗長眠之所。

石階數字象徵了政宗的俸祿，資料上寫著六十二萬石，怎麼會有六十三階呢？廟方解釋，政宗領地表面上是六十二萬石，但是實際財產更多，所以做成了六十三階。原來如此，多的那一階是私房錢啦！

伊達政宗七十歲過世，據說他生前早已相中這塊墓園。原來的瑞鳳殿在二次大戰燒毀，一九七九年依原來的桃山風格重建，以傳統古法製造天然染料，綠青色是搗碎的孔雀石、紅色是辰砂，而紅底白字的「瑞鳳殿」匾額，是使用珍貴的紅珊瑚、白珍珠磨粉塗成。

↑ 瑞鳳殿在二戰期間燒毀重建，後人得以挖掘研究政宗真面目。

廟方表示，戰國群雄風起雲湧，所以要用絢麗顏色來證實自己的力量。但其實政宗酷愛華麗是出名的，出征朝鮮前在京都大閱兵，他讓軍隊頭戴1公尺長的金色陣笠，配戴金紅兩色、形如船槳的大刀，馬匹以熊皮、豹皮與孔雀羽毛裝飾，「豔冠」各家武將。此外，政宗陣羽織上有鮮豔的圓點設計，今日看來仍相當時尚，跟草間彌生的現代藝術簡直有得拚。後人便以「伊達者」一詞來形容愛打扮、講究排場的人。

祠堂只在忌日開放，內部供奉的政宗雕像，與青葉城騎馬銅像大不同，到底哪個長相才是政宗？廟方透露，舊版的雕像臉型圓潤，重建廟宇時挖出政宗骨骸，才揭開他真實面貌，身高159公分（在當時算是好身材了）、B型血（表示性格愛出風頭），而且有一張現代人喜歡的瘦臉、高挺的鼻子，於是重塑雕像時，就幫政宗復原原貌了。

左　重塑的政宗雕像，比較接近真實長相。
右　依據伊達政宗遺言交代，肖像兩眼俱在。

　　再仔細一瞧，政宗的肖像兩眼俱全，與史書上右眼失明的獨眼龍形象並不吻合，是因為伊達政宗對獨眼十分介意，遺言交代肖像「務必」要還他完整雙眼，足見他對自我完美要求之高。

　　那麼伊達政宗究竟帥不帥？不用我說，他自己已經給了答案。

〔瑞鳳殿〕

🏛 宮城縣仙台市青葉區靈屋下23-2　📞 22-262-6250
🕐 2月至11月9：00〜16：30，12月至1月9：00〜16：00　🌐 www.zuihoden.com
🚗 在JR「仙台」站西口公車總站買一日遊公車票，搭到「瑞鳳殿前」站，沿途停靠仙台城、一番町等景點

這樣 玩 仙台 📷

❋ 仙台城

　　仙台城又稱青葉城，由第一代仙台藩主伊達政宗建造。關原之戰（一六〇〇年）後，天下霸權從豐臣家轉到德川家，大勢已定，自嘆晚生二十年，來不及爭奪天下的伊達政宗，只好將目光轉回自家領地，建造青葉城並移居到這裡，從此城下町開始繁榮發展，造就今天東北第一的仙台市。

　　經過戰火、地震以及歲月洗禮，當年壯觀的青葉城已不復見，只剩下石牆以及重建的隅櫓，眺望仙台市區視野絕佳，在資料展示館可觀賞復原影像與模型，城址上伊達政宗威風帥氣的騎馬銅像，令人無法忽視。

〔仙台城〕

⛩ 宮城縣仙台市青葉區川內1　📞 022-227-7077　🌐 www.sendaijyo.com
🚌 在JR「仙台」站西口公車總站買一日遊公車票，搭到「仙台城」站

❁ 松島灣

　　距離仙台半小時車程的松島，被譽為日本三景之一，可搭乘遊覽船逛一圈松島灣，海面上散布二百六十座大小島嶼，蒼翠松樹挺立在灰白岩石上，景色相當夢幻，江戶時期俳句詩人松尾芭蕉遊歷到此，看到眼前美景留下「松島啊，松島呀松島」的讚嘆。

〔松島灣廣場〕

🚌 JR「仙台」站搭乘仙石線，至「松島海岸」站約25分鐘，步行5分鐘

❊ 松島瑞嚴寺

　　面向松島灣的瑞嚴寺是東北第一
禪寺，現存建物由伊達政宗建造，當
時遠從京都請來名匠，從熊野運來最
好的木材，以華麗的桃山風格裝飾，
費時五年完工，政宗有一部分的遺骸
安奉在此。

〔松島瑞嚴寺〕

> 🛕 宮城縣宮城郡松島町松島字町91番地
> ☎ 022-354-2023
> 🕐 4月至9月8：00～17：00，1月12至15：30，2
> 　月11至16：00，3月10至16：30
> 🌐 www.zuiganji.or.jp
> 🚗 JR「松島海岸」站，步行7分鐘

❀ 松島五大堂、觀瀾亭

　　最能象徵松島的五大堂，因安奉五大明王像而得名，伊達政宗參與關原之戰前曾來參拜，贏得勝仗後重建成今日所見的五大堂，不可錯過的是十二生肖雕刻。同樣有伊達政宗足跡的觀瀾亭，是豐臣秀吉賞賜給政宗的茶室，內部貼有金箔豪華絢麗，遊客可體驗日本茶道禮儀，喝抹茶同時欣賞松島灣美景。

〔五大堂〕

🛕 宮城縣宮城郡松島町松島字町內111　☎ 022-354-2618　🌐 www.matsushima-kanko.com松島觀光協會
🚗 JR「松島海岸」站

〔觀瀾亭〕

🛕 宮城縣宮城郡松島町松島字町內56　☎ 022-353-3355　🚗 JR「松島海岸」站

這樣 吃 仙台

❀ 牛舌

　　仙台是牛舌料理發源地，農業社會時代，日本人原本不吃牛，更何況是牛舌，二次大戰後糧食缺乏，有位廚師嘗試料理沒人要的牛舌，推出後受到喜愛，日漸成了仙台代表美食。

　　品嘗仙台牛舌，可先在JR仙台站觀光服務處索取牛舌店地圖，若不想跑遠，車站內有一條美食街，集中多家名店隨你挑。名店之一「伊達的

牛舌本鋪」有多種牛舌料理，每日數量限定的極厚碳烤牛舌，取牛舌最深厚的部位，撒上鹽巴燒烤，口感極為柔嫩。

〔伊達的牛舌本鋪（仙台站前）〕

🏠 宮城縣仙台市青葉區中央4-10-11　☎ 022-722-2535　🕐 10：00～22：00　🌐 www.dategyu.jp

✵ 松島牡蠣

松島是日本著名牡蠣養殖場，冬季是品嚐最佳時機，松島牡蠣顆粒不大，但肉質緊實鮮美。

品嚐牡蠣的餐廳很多，若能在船上享用別有風情，冬令限定的「牡蠣鍋巡迴遊覽船」，從十二月營運到三月，品嚐熱騰騰的牡蠣鍋、炸牡蠣、烤牡蠣、醃牡蠣與白飯，同時欣賞松島灣美景。

〔牡蠣鍋巡迴遊覽船〕

🏠 從松島觀光碼頭或鹽釜出發　☎ 022-366-5111
🕐 鹽釜11:30 → 松島12:30、松島13:00 → 鹽釜14:00（以每年實際營運時間為準）
🌐 www.marubun-kisen.com/wakuwaku/kakinabe.html

這樣 🛒 買 仙台

仙台漁產豐富，當地人自古研發各種魚肉吃法，造就仙台特有的竹葉魚板，先將白肉魚漿磨碎再燒烤，外型如竹葉，據說是根據伊達政宗的家紋「竹雀紋」而來，口感彈牙、富含魚肉鮮甜味。

毛豆麻糬也是仙台名產，把毛豆煮熟磨碎，綠色餡料滿滿鋪蓋在白色麻糬上，吃得到毛豆香以及麻糬QQ的口感。在仙台商店街、車站都買得到毛豆麻糬與竹葉魚板。

貳｜關東

⛩ ① 日光東照宮　② 龜有香取神社　③ 今戶神社　④ 世田谷八幡宮

🏛 ① 水澤觀音寺　② 足利學校孔子廟　③ 高崎市少林山達摩寺
　　④ 淺草寺　⑤ 豪德寺

📍 ① 那須高原　② 華嚴瀑布入口　③ 中禪寺觀光中心　④ 伊香保溫泉觀光協會
　　⑤ 榛名湖畔　⑥ 晴空塔　⑦ 谷中銀座商店街　⑧ 豪德寺商店街　⑨ 世田谷城址公園

🍚 ① 日光湯波　② 福室庵

👜 ① 益子町　② 卯三郎木偶　③ 合羽橋道具街

♨ ① 鬼怒川溫泉　④ 草津溫泉

| 栃木縣 | 足利市足利學校孔子廟 |

在日本遇見孔子

拿著「入學證」，我穿越「學校」匾額下方的窄門，
孔子石雕像矗立庭中，眼前是一群學生正在閱讀論語，很有中國式的儒學氣息，
孟子、顏回、曾子等古聖先賢排排站受人膜拜，讓我一時有些錯亂。

足利學校位於栃木縣南邊的足利市，「栃」是日本獨有的漢字，發音唸作「ㄌㄧˋ」，也有人寫作「櫪」，是關東最大的縣，雖然栃木讀來陌生，但說到縣內的日光東照宮，可是無人不知、無人不曉的國際級景點。

學校所在地足利，是建立了室町時代（西元一三九七～一五七三）的足利家發源地，何時創校已無史實可考，有人認為早在奈良時代，有人說是平安時代初期，約八、九世紀就已存在，也有一說是鎌倉時代足利義兼創立，可以知道的是直到十五世紀才有明確紀錄。

　　無論如何，「足利學校是日本最古老的綜合大學」這個定論獲得大家舉手贊成。子曰：「君君、臣臣、父父、子子」，孔子所強調的倫理與責任觀念，深受統治者喜愛，這也就是歷代政權普遍支持足利學校的主要原因。

　　從室町時代到戰國時代，足利學校一直是關東最高學府，名氣與地位等同現在的東京大學，大家擠破頭都要湊上一腳，這樣的熱潮在十七世紀時達到鼎盛，連當時的歐洲天主教傳教士在給家人報平安的信裡都曾寫到「這是日本最大、最有名的大學」呢！

　　有趣的是，從前校長由和尚擔任，學生為了擠進這所名校，也得先出家才能入學，雖然整間學校都是出家人，但這裡不教佛法，傳授的是儒學，必修學分包括孝經、論語、五經，以及老莊、兵法、醫藥等課程。

　　不過那些都算是營養學分，大家不惜剃光頭來足利學校，為的是學「筮占」，筮占來自易學，也是陰陽師所學，是足利學校的教育重心，這堂學分最能影響未來就業前途。

1	
2	3	4

1　足利大學參觀門票是一張入學證。
2　走入「學校」窄門，就是戰國時代最大的綜合大學。
3　孔子講學之處稱「杏壇」，日本足利學校也沿用。
4　足利學校學生曾多達三千名。

← 足利市民從小學習論語，
對孔孟之學並不陌生。

　　戰國時代，軍師職缺多，從足利學校畢業後，可以到武將麾下當軍師，因為易經、占卜、氣象學等專長，正是軍師必備的技能。昔日開戰前，要先占卜看看天時地利人和是否俱全，還要觀察天象，因為刮風下雨也可能影響勝負。

　　足利學校出身的軍師優不優？從老闆武將的戰績可見分曉，但也要看老闆聽不聽建議，例如九州的大友宗麟有一回出征，軍師占卜後建議延遲開打，但宗麟偏不聽，結果吃了大敗仗。

　　德川家康統一日本之後，繼續支持足利學校，學校依舊興盛，直到江戶時代不再打仗，各地都蓋起學校，足利學校才日漸沒落，西元一八七二年廢校，現在成為足利學校遺跡圖書館，復原舊有建築。

　　足利學校內的孔子廟，也是日本最古老的孔子廟，穿過「杏壇」門，眼前即為大成殿，仿明代廟宇的建築風格，與學校建築明顯不同，殿堂龕座內供奉孔子木雕坐像，是日本最古老的孔子像。

　　現在足利市教育委員會規定，全市的中小學生都要到足利學校上論語課，目的是要讓市民從小知道家鄉的歷史文化，可見足利學校的重要性。

　　人在異鄉入境隨俗，孔子也不例外，校方說，「台灣有祭孔大典，足利學校每年也會舉辦孔子祭，跟台灣很不同的是，我們由神官進行日式祭典儀式。」神官為日本神社的祭司，身穿平安時代的白色狩衣，而台灣祭孔典禮穿著長袍馬褂，或是扮成士大夫模樣，還有學生跳佾舞，兩種祭孔場面想必很不同。

　　在日本遇見孔子，我雙手合掌向他問候，老人家在異國聽到家鄉話，不知道會不會覺得格外親切？

〔足利學校〕

🛐 栃木縣足利市昌平町2338　📞 0284-41-2655　🕐 4月至9月9：00～16：30，10月至3月9：00～16：00
🌐 www.city.ashikaga.tochigi.jp/site/ashikagagakko　🚗 JR「足利」站，步行10分鐘

這樣玩栃木

日光東照宮

日光因東照宮而舉世聞名，為德川家康陵墓所在地，第三代將軍家光大規模改建後，成就今日華麗建築風格，極具氣魄的陽明門，金碧輝煌加上精緻雕刻，堪稱是日本登峰造極的藝術傑作，東照宮旁還有輪王寺、二荒山神社，並稱二社一寺，已列為聯合國教科文組織世界文化遺產。

來到東照宮不能錯過精采雕刻，共有五千件，包含人物、動植物、蟲鳥與自然現象等，各具有寓意。代表性的雕刻如眠貓，麻雀在睡夢中的貓咪旁安然玩耍，象徵德川家康打造的和平時代到來；來自中國典故的三隻猴子，代表非禮勿視、非禮勿聽、非禮勿言，是做人處世的道理。

〔日光東照宮〕

栃木縣日光市山 2301　0288-54-0560　www.toshogu.jp

4月至10月8：00～17：00，11月至3月8：00～16：00

JR「日光」站，或東武日光線「東武日光」站，轉乘公車到「神橋」站，步行10分鐘

✤ 中禪寺湖

中禪寺湖為日光國立公園境內最大的湖泊，面積11.62平方公里，大約於兩萬年前由男體山噴出熔岩造成，湖水透明度絕佳，是日本代表性的高山湖，海拔1269公尺，為最佳避暑勝地，湖畔有步道可悠閒散步，也可搭乘遊船輕鬆盡攬全景。

每到十月中旬，是中禪寺湖最美的時刻，湖泊周邊紅葉鮮艷，加上湖面如鏡，倒映男體山的楓紅山色，一上一下等於雙重秋色。

〔中禪寺觀光中心〕

⛩ 栃木縣日光市中禪寺湖畔中央　📞 0288-55-0042　🌐 www.ckc.jp
🚗 JR「日光」站，或東武日光線「東武日光」站，轉乘公車到「湖畔亭前」站，步行3分鐘

✳ 華嚴瀑布

華嚴瀑布名稱取自佛經，位在日光國立公園內，由於中禪寺湖水壓龐大，造成湖底漏水流下山谷而形成瀑布，被譽為日本三大瀑布之一，也是日本地質百選，由97公尺往下傾注豐沛水量，氣勢極為磅礴，冬天部分結冰、夏天燕子飛翔，各有不同美感，可搭電梯從上下角度欣賞壯麗景觀。

〔華嚴瀑布〕

⛩ 栃木縣日光市中宮祠2479-2　📞 0288-55-0030
🕐 12月至2月9：00〜16：30，3月4月11月8：00〜17：00，5月至9月7：30〜18：00，10月7：30〜17：00
🚌 JR「日光」站，或東武日光線「東武日光」站，轉乘公車約50分鐘至「中禪寺溫泉」站，步行5分鐘

✳ 鬼怒川溫泉

栃木縣溫泉資源豐富，住在中禪寺湖畔的溫泉飯店，可以邊泡湯邊欣賞湖光山色，其他還有日光溫泉、鬼怒川溫泉、湯西川溫泉、那須溫泉及鹽原溫泉等多處溫泉鄉。

從東京到達僅需兩小時的鬼怒川溫泉，擁有日光國立公園豐富自然景觀，起源於江戶時期，逐漸發展為日本知名的溫泉渡假地，旅館沿著鬼怒川成排而建，享受開放式露天溫泉能欣賞溪谷美景。春天杜鵑滿山遍野，夏天可體驗鬼怒川漂流，秋天紅葉渲染整個溪谷，美不勝收。

〔鬼怒川‧川治溫泉觀光協會〕

⛩ 栃木縣日光市鬼怒川溫泉大原1404-1
📞 0288-77-2052　🌐 www.kinugawa-kawaji.jp
🚌 從東武鬼怒川線到「鬼怒川溫泉」站，步行10分鐘

❋ 那須高原

　　那須高原指的是栃木縣北邊那須岳南側的山麓地區，為著名避暑勝地，有許多牧場、教堂、美術館等，洋溢歐洲情調，四季前來皆有不同體驗玩法。

　　十月中旬是那須高原楓紅最美的時節，可搭纜車登上仍是活火山的主峰茶臼岳，在纜車裡俯瞰已塗上紅黃色調的山岳，叫人驚艷；下纜車後爬一小段，在火山噴煙中眺望群山紅楓，景觀相當特別。

〔那須高原〕

⛩ 栃木縣那須郡那須町　📞 287-76-2619（那須觀光協會）　🌐 www.nasukogen.org
🚌 JR「黑磯」站，步行到東野交通黑磯營業所，轉乘路線公車

這樣 吃 栃木

❋ 宇都宮餃子

　　宇都宮市以餃子聞名，號稱全日本食用最多餃子的地方，雖然近年有被靜岡追上的趨勢，但宇都宮餃子文化還是相當發達，市區裡到處看得到餃子專賣店。

宇都宮人所謂的餃子指的是煎餃，因為很愛很愛餃子，當地業者特地生產「餃子浪漫」啤酒，標榜邊吃餃子、邊喝這款啤酒最速配。

宇都宮是日本爵士之父渡邊貞夫的故鄉，使得當地人偏好爵士樂，街上有許多現場演奏的爵士酒吧，有了爵士樂，少不了雞尾酒，是宇都宮第二項飲食代表，找家夜店喝杯雞尾酒、聽爵士樂，是宇都宮獨特的夜間情調。

❊ 日光湯波

來日光必吃湯波料理，在東照宮附近就有許多店家可選擇。原是京都名產，許多修行者來到日光，帶來這種富含蛋白質的料理，在京都漢字為「湯葉」，在日光寫作「湯波」。

湯波，其實就是豆皮，煮豆漿時在上頭形成一層薄膜，如白色水波，因此得名，只要是有好水的地方，豆皮一定好吃。整套湯波料理有炸、有滷、有原味，不同作法都吃得到大豆香。

這樣 買 栃木

❊ 益子燒

芳賀郡益子町發展陶藝不過一百多年，卻是國際知名陶瓷產地，這都要歸功於日本人間國寶濱田庄司，他率先到益子燒窯，之後追隨者不斷，窯場跟著增加，目前數量已達三百多座，陶藝家不計其數。

益子燒的魅力在於樸實厚重，是藝術品也是日常用品，而且愈使用愈能體會到它的美，遊客到益子可挑選喜愛的碗盤或茶杯，還能體驗燒陶過程；每年四月底到五月初、十一月上旬，益子町皆會舉辦瓷器市集，可買到物美價廉的益子燒。

 ｜群馬縣｜高崎市少林山達摩寺｜

擊不倒的達摩不倒翁

中國少林寺有好功夫，日本也有個少林山，
但沒有武術，也沒有十八銅人，
而是圓滾滾的達摩，祈求源源不絕的好運。

若要問起誰是日本最常出現的外國臉孔，我想答案肯定是——家家戶戶皆有的不倒翁「達摩祖師」，那一副濃眉大眼、捲曲虯髯的印度長相，居然成為日本文化的一部分，甚至是節氣贈禮少不了的超人氣開運吉祥物。

達摩不倒翁的發祥地，位在群馬縣高崎市，有一年洪水來襲，村民發現水中有個發光物體，上前尋找原來是塊帶有香氣的古木，於是雕刻成達摩大師像供奉在佛堂。此後，達摩靈地的名氣逐漸傳開，西元一六九七年，來自中國的心越禪師來此創建了少林山達摩寺（日本寫做「達磨寺」）。

1　2
3

1　看到「少林」兩字可
　別以為來習武。
2　龍貓混進達摩堆中。
3　沒點上眼睛的達摩也
　藏在其中。

　　兩百多年後發生饑荒，第九代住持為了讓窮困農民能吃飽，以心越禪師留下來的達摩坐禪像為原型，教農民製作開運達摩以增加收入，沒想到大受歡迎，餵飽了自己與後代，製作達摩的高崎人們，成了真正不被困境打倒的不倒翁。

　　來到少林山達摩寺，會看到許多達摩堆成紅色小山丘，在古樸木造寺廟中顯得搶眼又古錐。

　　住持說：「這些都是完成使命的達摩，愈放愈多，只好堆在一起。」信徒買了達摩，先畫一隻眼睛許願，願望實現後，畫好另一隻眼再送回寺廟。

　　但在大群紅色達摩裡，我發現其中摻雜了白色招財貓、灰色龍貓、綠色keroro青蛙，像是來亂的，忍不住問住持這是怎麼回事？他寬容地笑著說：「沒關係，只要想放都可以拿來放。」

達摩小知識

　　達摩本名菩提達摩，西元五世紀從印度來到中國，當時為南北朝時期，他在金陵與梁武帝談法，然後「一葦渡江」到嵩山少林寺，在石洞面壁九年，開創頓悟成佛的禪學，被稱為中國佛教禪宗祖師。

　　後人模仿達摩祖師面壁模樣，製作了百推不倒的玩偶，有人認為早在唐朝就已發明，無論誰是發明者，達摩不倒翁的功力不僅「一葦渡江」，還渡了海，在日本發揚光大。

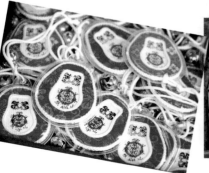

↑　達摩寺繪馬與御守全都是達摩造型。

　　不倒翁堆裡還有獨眼達摩，因為沒實現願望，被信徒送回寺廟，住持就「睜隻眼閉隻眼」地收下了。有幾尊達摩兩眼都沒畫上，這表示信徒沒許下特定願望，也就「白目」地送過來，即便如此，住持依舊寬容地收下。

　　收下那麼多達摩，可不能草率處理，達摩寺每到一月十五日便會舉辦回歸大典，先頌經，再將堆了一年的達摩燒成灰，埋到土裡，因為這些達摩已經有靈性了，必須回歸大地。

　　達摩寺供奉觀音、達摩大師、北辰鎮宅靈符尊等神明，每年一月六、七日舉辦「七草大祭達摩市集」，七草大祭是一種傳統祭星儀式，所以愈晚愈熱鬧，人們會到寺裡逛夜市買個達摩，為今年祈求好運。

　　人的願望永無止盡，於是「夢」的生產者要更加努力。高崎市目前有數十家達摩工房，生產量是日本第一，占全國產量百分之八十，年產近百萬個達摩不倒翁，就等於一年製造一百萬個夢想，根本就是一個巨大的夢工廠。

　　達摩寺山腳下的大門屋，是傳承四代的老工房，遊客在此選購保佑學業、事業、選舉、安產等不同功能的達摩，也可以參觀製作工房，不過老闆有交代，工房裡有神明在，參觀時要保持安靜，與一般喧嘩的教學參觀很不同。

　　高崎達摩的特色是眉如鶴、鬚如龜，兩者都象徵吉祥，材質為紙，作法是在木頭模型上敷紙，乾燥成形後取下，現在由機器代勞，再以手工塗繪上色，以吉利的紅色為主，如果是一對，則一紅一白搭配。

　　據說早期達摩比較接近人形，還有腰身呢！後來為了保持不倒，體型愈來愈渾圓，試著想像，如果達摩不是矮矮胖胖的Q模樣，恐怕也不會這麼超人氣吧？

↑ 高崎車站獨特的達摩便當。

← 噓～～達摩工房有神明，旁人不得喧嘩。

　　達摩點睛許願，應該先畫哪一隻眼？達摩寺住持回答，首先面向達摩，一般先畫左眼，而生意人喜歡先畫右眼；每天描繪達摩的藝師看法是：「日本人習慣將達摩放在神龕上，而神龕朝南，先畫左眼的話，可以讓朝陽照到達摩左眼，如此一來，早上許的願下午就能實現。」也有一種說法，點睛的意義是打開心靈之眼，所以先左先右其實都無妨。

　　高崎市以達摩出名，高崎車站的鐵道便當也拿達摩當主角，便當盒本身是個紅色達摩，內有山菜、雞肉、蒟蒻丸子、香菇等菜色，吃完後把達摩便當盒帶回家當撲滿，儲存滿滿的開運能量。

〔少林山達摩寺〕

⛩ 群馬縣高崎市鼻高町296　☎ 027-322-8800　🕘 9：00～17：00　🌐 www.daruma.or.jp

🚗 JR信越本線「群馬八幡」站，步行15分鐘；JR「高崎」站搭乘公車約20分鐘

達摩一點靈，試著畫看看

眼睛→由中心向外，點大眼睛。

眉毛→眉毛如鶴，眉頭處是鶴的頭。

鬍鬚→鬍鬚如龜，嘴角是烏龜的頭。

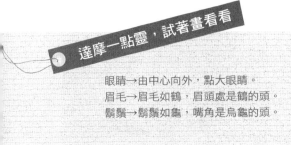

這樣 玩 群馬 📷

❊ 伊香保溫泉

　　經常出現在日劇裡的伊香保溫泉，招牌畫面就是長長的石階梯，上頭刻有許多歌詠伊香保的詩句，身著浴衣與木屐的泡湯男女拾階而下，兩旁盡是溫泉旅館、商店或餐廳，情侶泡完湯走著逛著，甜蜜戀情更加溫。

　　伊香保溫泉的特色為黃金之湯，溫泉水呈黃褐色、含鐵量高，據說女生常泡可治癒不孕，甚至可保安產，深受日本人喜愛。

〔伊香保溫泉〕

⛩ 群馬縣澀川市伊香保町伊香保
◎ 0279-72-3151 澀川伊香保溫泉觀光協會
🌐 www.ikaho-kankou.com
🚗 JR「澀川」站，轉乘關越公車「伊香保溫泉行き」，約25分鐘至「伊香保溫泉」站

❊ 水澤觀音寺

　　水澤觀音寺由高麗高僧奉日皇之命而建，已有一千三百年歷史，目前建築為西元一七八七年建造，距離伊香保溫泉約十分鐘車程，本堂供奉十一面千手觀音菩薩。

　　寺裡有許多珍貴建築，六角塔被列為重要文化財，象徵六道輪迴，此塔是有機關的，下方有輪盤可推動，只要誠心祈禱轉動六角塔，可心想事成、消災解厄。兩旁有十二尊菩薩，是十二生肖的守護神，可尋找自己生肖的菩薩，祈求守護。

〔水澤觀音寺〕

⛩ 群馬縣澀川市伊香保町水澤214
◎ 0279-72-3619 ⏰ 8：00～17：00
🌐 www.mizusawakannon.or.jp
🚗 JR「澀川」站，轉乘關越公車至「水沢入口ビジターズセンター前」站，再轉乘群馬公車「高崎行き」至「水澤觀音前」站

❋ 草津溫泉

自江戶時代，草津溫泉就常出現在溫泉排行榜第一名，在旅行行家選出的「日本溫泉百選」中，更連續十一年獲得日本之首，是日本最重要的溫泉休閒勝地，以「湯田」為中心的溫泉街饒有情趣，與下呂溫泉、有馬溫泉並稱日本三大名泉，泉量豐富，酸性泉質具有殺菌療效，神經痛、肌肉酸痛、扭傷都適合來泡湯，當地人認為，除了失戀，沒有草津溫泉治不好的病。

草津溫泉堪稱日本第一的自然湧出量，由於原湯相當高溫，從前需靠人力揉湯降溫，現在成為草津溫泉熱門表演，幾個婦人手拿長木板邊唱邊攪拌溫泉，一開始節奏緩慢，最後隨著歌聲使勁打出水花。佔地廣大的湯畑是草津溫泉地標，硫磺氣味隨著熱氣飄散在空氣中，形成獨特風情。

〔草津溫泉〕

群馬縣吾妻郡草津町草津　0279-88-0800草津溫泉觀光協會　www.kusatsu-onsen.ne.jp

JR「長野原草津口」站，轉乘公車約30分鐘至草津溫泉

榛名湖

榛名湖為火山口湖，周遭有榛名富士等山峰，每到秋天，形狀如富士山的榛名富士好像灑上紅黃兩色的鮮豔三角形，也把平靜如鏡的湖面一同染紅，可搭乘小船在湖面上愜意欣賞湖光山色。

周杰倫的電影《頭文字D》男女主角散步聊天的場景，就位於湖畔木棧道，是情侶約會熱門去處，而劇情出現甩尾競速的路段，在前往榛名湖的山路上，蜿蜒的髮夾彎，即使是平常車速也能感受到過彎的驚險。

〔榛名湖〕

群馬縣高崎市榛名湖町　027-374-5111榛名觀光協會　www.harunavi.jp

JR「高崎」站，轉乘群馬公車約90分鐘至榛名湖

這樣 吃 群馬

❋ 水澤烏龍麵

　　群馬縣自古盛產小麥，據說是水澤觀音寺僧侶
利用在地優質小麥，加上水澤山名水製作烏龍麵
招待信徒，成為水澤烏龍麵的起源，直到今日，
大多數的水澤烏龍麵店依舊聚集在觀音寺附近。

　　水澤烏龍麵與香川縣的讚岐烏龍麵、秋田縣的
稻庭烏龍麵，合稱日本三大烏龍麵，特色是咬勁
十足、略帶透明感，基本吃法為涼麵。

∙∙∙

這樣 買 群馬

❋ 卯三郎木偶

　　群馬縣創作木偶產量為日本第一，「卯三郎木偶」是最具代表性的工房，特
色為臉部表情溫柔，創始人岡本卯三郎曾獲日本許多工藝大獎，名為「寒椿」的
木偶作品特別註明「天皇御買作品」，表示日本天皇曾買過當伴手禮。

　　木偶用途很多，可祝賀結婚、入學、誕生、退休，或依生肖買開運干支小木
偶求好運，還演化成木偶開瓶器、按摩棒、胡椒罐等實用生活小物。

〔卯三郎木偶〕

⛩ 群馬縣北群馬郡榛東村長岡1591
☎ 0279-54-6766　🕐 8：00～16：50
🌐 www.usaburo.com
🚌 JR「高崎」站，轉乘群馬公車至
　「上の原」站，步行15分鐘

烏龍派出所．找阿兩必勝

龜有車站北口派出所警察這幾年一直很傷腦筋，
不是苦惱治安問題或者什麼案子破不了，
而是《烏龍派出所》動漫迷老是跑來探頭探腦，膽怯地詢問：
「阿兩在不在這裡？」

膩稱「阿兩」的兩津勘吉，是從日本紅到台灣的烏龍派出所主角，阿兩職業是警察，卻懶惰貪財、死要面子、投機取巧，是個麻煩製造者，可是他念舊、講義氣、有人情味，總和起來就是個讓人好氣又好笑的甘草人物。

↑ 龜有車站北口派出所如同卡通裡的造型，
是間簡單的平房建築。

　　烏龍派出所的日本原名很長，叫做《こちら葛飾區龜有公園前派出所》（直譯為：這裡是葛飾區龜有公園前派出所），念完之後還真得喘口氣呢！必須先說明的是，阿兩喜歡摸魚打盹的「龜有公園」，真的找得到，只是規模不像卡通裡的那麼大，而公園前找不到派出所，曾經存在於大正年間，現實中早已裁撤，所以「龜有車站北口派出所」成了烏龍派出所的原型。

　　從龜有車站北口走出來，首先迎接我的龜有鄉親就是──阿兩，他露出招牌爽朗笑容站在車站外伸手跟我打招呼，這是觀光客票選最想看到的東京雕像之一，與忠犬八公、西鄉隆盛相互較勁比人氣。

　　車站對街就是全日本最出名的派出所了，派出所前停放了一輛警用腳踏車，在片中也經常出現，彷彿阿兩隨時會從派出所衝出來騎走。

　　趁著警察先生走出派出所，我趕緊上前詢問阿兩的事，看起來一點也不阿兩的警察先生老早見怪不怪，因為常常有人想把他當阿兩拍合照，不過他執行公務中，只得拒絕。

　　講起阿兩，警察先生似乎很困擾，我只好摸摸鼻子走人，繼續到龜有商店街、香取神社找阿兩。

　　「閃啦閃啦！撞到不負責！」魯莽的阿兩經常一邊大叫一邊騎腳踏車穿梭的商店街，洋溢下町生活情調，六〇年代留下的老街，燒烤店、水果店、文具店以及在東京其他地方很少看到的鳥店，都充滿懷舊風情。

1　2　3

1　找找看，你能遇到幾位烏龍派出所人物？
2.3　少年阿兩與中川分散在龜有商店街。

　　跟卡通一樣，現實中的龜有商店街充滿下町人情味，眼鏡行老闆小田島先生看見我在門口拍阿兩海報，馬上拿出蒐集的資料給我看，他說，阿兩太受歡迎了，為了不讓粉絲失望，於是商店街的人們，在九年前主動籌資立起阿兩雕像，後來葛飾區觀光課也加入，總共打造出十四座雕像，包括漂亮的麗子、帥氣的中川、少年阿兩等，粉絲遊逛龜有的同時，可以在街頭巷尾找尋劇中人物，更添趣味驚喜。

下町小故事

　　下町，為東京昔日的平民區，位在河流形成的東邊低地，包括上野、淺草、葛飾、谷中等一帶，聚集了商人、小販與藝師，至今保存瀟灑且活力旺盛的江戶傳統庶民文化。

　　近年來興起一股下町旅行熱潮，還出現流行語「谷根千」，指的是谷中、根津、千馱木等三地，有坡道、有巷弄，適合散步逛個性商店，富有悠哉的下町風情。

　　附帶一提下町的相反詞「山之手」，是昔日大名與旗本的住宅區，可說是上流社會、政治中心所在，包括澀谷、新宿、目黑等地區，也就是現在山手線連接的地點。

體驗過阿兩熱愛的下町生活，不能錯過位在Ario購物中心的烏龍派出所主題遊樂場，警車、祭典等熟悉的卡通場景在這裡全部成真，最讓人興奮的，當然是把整間烏龍派出所從電視上搬過來了，阿兩亂七八糟的辦公桌也原汁原味呈現，還有「兩津的今月事故」記錄著阿兩被所長打過幾次、被麗子罵過幾次。

↑　阿兩、麗子與中川在烏龍派出所主題遊樂園執勤。

　　追尋阿兩的足跡，最後來到片中常出現的龜有香取神社，原本就是當地信仰中心，規模不大但古樸可愛，主要庇佑身體健康、比賽求勝與生產順利。

　　神社裡有龜石雕，不難理解，因為這裡叫做「龜有」嘛！烏龜在日本象徵吉利，這地名相當討喜。但是跟神職人員聊過之後才了解，原來此地過去叫「龜無」。

↑　龜有香取神社能庇佑開運除厄、足腰健康。

從前周遭溼地多，露出的土地形狀像烏龜背甲，而稱作「龜城」，「城」音同「無」，「龜無」地名感覺不吉利，當地人不喜歡，於是江戶時代把龜無改成龜有，無中生有，皆大歡喜。

　　隨著動漫爆紅，常有遊客前來尋找阿兩，神社乾脆推出烏龍派出所主題的繪馬，效果挺好的，還有遊客買回家當伴手禮。

　　聽說會找阿兩許願的人，多半是為了祈求比賽與考試，因為他呵呵大笑的得意模樣，有開運必勝的效果，一笑解千愁，所以也沒人在意這人可是做事很兩光的阿兩，當然也不會有人擔心許下的願望被搞烏龍了，對吧？

〔龜有香取神社〕

⛩ 東京都葛飾區龜有3-42-24　　📞 03-3601-1418　　🌐 www.kameari-katorijinja.com

🚗 從JR常磐線「龜有」站南口，步行3分鐘

這樣 玩 東京下町 📷

✽ 淺草寺

淺草是不良警察兩津勘吉的老家,因此常出現在《烏龍派出所》卡通中。創建於西元六二八年的淺草寺,是東京都內歷史最悠久的寺廟,因供奉觀音,也稱「淺草觀音寺」,江戶時代成為德川家康指定的幕府祈願寺廟,而逐漸香火鼎盛,至今仍受到日本人與觀光客的親近和喜愛。

淺草寺現今建築多為二十世紀之作,巨大雷門與紅色燈籠,是遊客拍紀念照的代表性背景,仲見世通沿途全是紀念品店,穿過寶藏門,可造訪五重塔、本堂等。本堂東側的淺草神社,每年五月十七日舉行三社大祭,是東京重要祭典之一,神社內有兩津勘吉友情碑。

〔淺草寺〕

⛩ 東京都台東區淺草2-3-1　◎ 03-3842-0181
🕐 4月至9月6:00～17:00,10月至3月6:30～17:00
🌐 www.senso-ji.jp
🚗 從「淺草」站,步行5分鐘

✽ 谷中銀座

江戶文化氣息濃厚的谷中銀座,二次大戰中未遭受破壞,故能保存原有商店街風貌,入口的下坡階梯給人深刻的第一印象。商店街全長近兩百公尺,兩旁林立約七十家店鋪,擺售竹製品、陶瓷、服飾等生活用品,還有幾家賣甜點、咖啡的飲食店。

街道上常有貓咪出沒，近年來吸引許多愛貓人前來朝聖，貓咪主題的雜貨鋪與糕餅店很有人氣。

〔谷中銀座〕

🏮 東京都台東區谷中
📞 03-3821-1687谷中銀座商店街振興組合
🌐 www.yanakaginza.com
🚃 從山手線「日暮里」站，步行5分鐘

✳ 晴空塔

二〇一二年正式啟用的晴空塔，位在淺草附近的墨田區，已取代東京鐵塔成為城市新地標，高度六百三十四公尺，完工同年獲認證為世界第一高塔，目前是世界第二高。

晴空塔設有展望台，走在玻璃迴廊宛如空中散步，盡覽七十五公里內的東京都風光，天氣好時還可看到富士山，此外還有水族館、咖啡廳與購物中心。夜晚點燈之後，猶如換上新裝另有看頭。塔內販售的「晴空塔妹妹 Sorakara-chan」，小小紅鼻子、黃色星星頭髮、藍格子洋裝，把晴空塔外型變成可愛吉祥物了。

〔晴空塔〕

🏮 東京都墨田區押上1丁目1-2 　📞 0570-55-0634 　🕐 展望台8：00～22：00 　🌐 www.tokyo-skytree.jp/cn_t/
🚃 從「淺草」站搭東武晴空塔線，至「東京晴空塔」站步行2分鐘

這樣 吃 東京下町

✿ 人形燒

　　儘管東京飲食與國際同步，來下町就是要品嘗懷舊的古早味。在淺草一定會看到的人形燒，與雷門、五重塔合稱淺草寺三大名物，因發源於日本橋人形町而得名，將麵粉、雞蛋與砂糖製成的麵糊，放進鑄鐵模具中烘烤而成，剛出爐香噴噴，滋味類似台灣雞蛋糕，也可包入紅豆餡。

　　人形燒造型有多種，七福神與雷門燈籠是基本款，最受歡迎的是動漫人物人形燒，如哆啦A夢、櫻桃小丸子，《烏龍派出所》的阿兩人形燒也是超人氣。

這樣 買 東京下町

✿ 合羽橋道具街

　　位在淺草與上野間的「合羽橋道具街」，已有百年歷史，聚集近兩百家廚具與餐具專賣店，商品五花八門，包括鍋碗瓢盆、烘焙烤箱、廚師制服、食品原料、陶瓷漆器，而且日式、西式或中式用品都找得到。

　　最令人眼睛一亮的食物模型，原本用來擺在餐廳外的樣品，搖身一變成為熱門伴手禮，不管是壽司、炒飯、天婦羅或義大利麵看起來都相當可口。

〔合羽橋道具街〕

⛩ 東京都台東區松が谷3-18-2　　☎ 03-3844-1225
🌐 www.kappabashi.or.jp
🚇 從地鐵銀座線「田原町」站，步行約5分鐘

真有才的招財貓

如果要票選全世界最愛貓的民族，日本人應該會高票當選吧？!
別的不說，光是日本商店家家必備的招財貓，就讓人見識到這個國家也是貓奴一族。
然而，招財貓究竟發源於何處？有好幾種版本，
唯一共通處就是──充滿了「貓」情味。

把貓咪當吉祥物，在世界各國不乏例子，像是越南的十二生肖，以貓取代兔，兔年變成貓年；古埃及人更把貓視為神的化身，死後做成貓木乃伊永久保存。不過，最能充分發揮喵喵精神的吉祥物，第一名肯定要頒給日本的招財貓，那可愛模樣不知道招攬了多少人的心（與荷包）。

↑　井伊直孝或許就是在這兒被白貓招進豪德寺。
←　豪德寺供奉招福貓兒靈位。

　　關於招財貓的由來，日本也眾說紛紜，其中之一是藝妓薄雲的三色貓「小玉」，薄雲與小玉形影不離，老闆怕著魔影響生意，趁小玉陪薄雲上廁所時斬了牠的頭，才發現小玉嘴咬一條蛇，原來牠是為了保護主人啊，後來有人用木頭刻了一隻貓安慰薄雲，也有人視為招財貓。

　　小玉下場太倒楣，倒不如豪德寺的招福貓兒有個圓滿結局。

　　故事發生在距今約四百年前，位在東京世田谷區的豪德寺還不叫做豪德寺的時候，是一間沒落的寺廟，很閒的住持養了一隻白貓，有一天住持對著白貓喃喃自語說：「寺裡這麼窮，你若能招來福氣，那不知道有多好哇！」

　　說也奇怪，之後有一天，彥根藩藩主井伊直孝路過寺廟，在廟旁歇息，看到一隻白貓對他招手，好奇之下便走入寺中，與住持相談甚歡，這時外頭下起了傾盆大雨，忽然一道閃電劈下，正是他剛剛休息的地方，直孝認為這是上天安排的因緣，於是豪德寺成了井伊家的菩提寺。

井伊家墓所小檔案

　　豪德寺前身為弘德寺，創建於西元一四八〇年，一六三三年由彥根藩藩主井伊直孝改為井伊家的菩提寺，直孝的戒名「久昌院殿豪德天英居士」，這也就是豪德寺改名由來。直到現在，井伊家墓所仍在豪德寺。

　　墓所裡的井伊家族，包括彥根藩第十五代藩主井伊直弼，也就是在一八六〇年著名的「櫻田門外之變」受害者，當時他擔任德川幕府的大老，是幕府的最高權力者，遭到反幕志士暗殺。

自從招來井伊家庇蔭後，豪德寺香火日漸興旺，白貓死後，寺裡建造招福殿供奉招福觀音，立起「招福貓兒靈位」供人膜拜，豪德寺的貓亦被稱作招福貓。

　　如今造訪豪德寺的人們多半為貓兒而來，近年落成的三重塔隱藏了六隻貓，「貓咪在哪兒呢？」成了遊客的趣味課題。我找到了其中一隻，與十二生肖的鼠雕刻在一起，貓來招福人人開心，唯一不舒服的，就是這些老鼠了。

　　招福殿旁擺滿還願供奉的招福貓群，大夥兒好像參加演唱會統統舉起右手，又像提神飲料廣告齊聲：「喵～～福氣啦」，看了實在忍不住吶喊「卡娃依」！

　　「來哦來哦！」那隻高舉的貓手，又把我招喚到「今戶神社」，這裡有另一個招財貓傳說。

　　今戶神社位在東京下町的台東區今戶，十五世紀以今戶燒出名，今戶燒招財貓是江戶時代的淺草名物。

1　2　4
　3

1　豪德寺紅葉美景相當迷人。
2　能開運招福的貓繪馬。
3　一群招財貓彷彿開演唱會。
4　三重塔上躲了六隻招財貓。

相傳從前有位孤苦無依的老婆婆，打算投靠親戚，只好與家中老貓淚別，當晚老婆婆夢見貓咪說，若做一尊牠的塑像膜拜，一定會有好運到。老婆婆照做之後，好運真的接踵而來，改善了生活，也不必與老貓分開了。

　　老婆婆有一尊貓塑像會招財的事蹟傳開之後，大家都想借來拜一拜，她靈機一動，請窯廠燒陶複製，在淺草開店販售，生意好得不得了，把招財貓當吉祥物也逐漸成為習俗。

　　今戶神社被視為招財貓發源地，因為供奉伊奘諾尊和伊奘冉尊，這對「神仙夫婦」象徵締結姻緣及創造繁榮，於是神社又以祈求良緣出名，拜殿前一對巨大的雌雄招財貓，高高的伸起右手，彷彿正在「喵～～～」的幫忙召來良緣呢！

↑　吸引愛貓人朝聖的今戶神社。

1 2
3 4

1　今戶神社供奉神仙夫妻，一花一白的招財招緣也成對。
2　今戶神社招財招緣，又是今戶燒發祥地。
3　參拜者在繪馬寫下祈求良緣的心願。
4　今戶神社同時供奉福祿壽，因此有七福神招財貓。

〔豪德寺〕

⛩ 東京世田谷區豪德寺1-23-24　☎ 03-3420-3151
🚗 搭乘小田急線至「豪德寺」站

〔今戶神社〕

⛩ 東京台東區今戶1-5-22　☎ 03-3872-2703
🕐 9：00～17：00　🌐 www.asakusa7.jp/imado.html
🚗 從「淺草站」步行15分鐘

這樣 玩 世田谷 📷

❀ 豪德寺商店街

　　從豪德寺站走出來，馬上就有一群招財貓迎接遊客，商店街到處都看得到招財貓身影，招牌上、店門口、電線桿或是裝飾，全是貓圖案，十分顯眼。

　　店家賣的大多是日常生活用品，比如書店、花店、印章店、文具店、腳踏車修理店等，在這裡可以放慢腳步感受在地生活步調。周邊有世田谷城址公園、世田谷八幡宮等史跡。

這樣 吃 世田谷

❀ 福室庵

　　創業於昭和三年的「福室庵」，位在豪德寺商店街上醒目位置，是當地蕎麥麵名店，十多年前老闆靈機一動，在麵碗畫上招財貓圖案，命名為「招福蕎麥」之後，果然招來財氣，不少遊客慕名來吃上這一碗，牆面掛滿造訪過的藝人明星簽名。

　　招福蕎麥麵加料很豐富，最吸引人的是那一條大炸蝦天婦羅，蝦尾留在碗外面，彷彿玩躲貓貓的小貓咪不小心露了餡。

〔福室庵〕

🏯 東京世田谷區豪德寺1-6-7　📞 03-3429-6221　🕐 11：00～15：00、17：00～21：00周一店休
🌐 www.fukumuroan.com　🚗 搭乘小田急線至「豪德寺」站

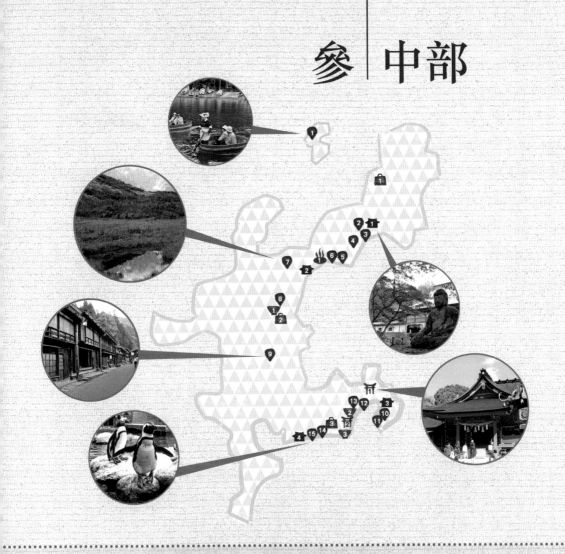

參｜中部

⛩ ① 富士山本宮淺間大社　② 久能山東照宮

🏯 ① 雲洞庵　② 善光寺　③ 修禪寺　④ 可睡庵

📍 ① 佐渡島　② 雪國之宿 高半　③ 大源太峽谷　④ 苗場滑雪場　⑤ 志賀高原
　 ⑥ 地獄谷野猿公苑　⑦ 白馬村　⑧ 諏訪湖　⑨ 妻籠宿　⑩ 土肥金山
　 ⑪ 土肥港搭船處　⑫ 清水港搭船處　⑬ 小丸子樂園　⑭ 新金谷站　⑮ 掛川花鳥園

🍲 ① 信州十四豚　② 壽司橫丁　③ 久能海岸

👜 ① ぽんしゅ館新潟　② 梅林堂諏訪店　③ 玉露之里

♨ ① 澀溫泉

| 靜岡縣（東部地區） | 富士山本宮淺間大社 |

富士山女神的祕密

富士山不只是一座山，
它是畫家的浮世繪、詩人的俳句，是好用的紙鈔，
是世界知名的銀行與軟片，也是神話與日本精神象徵。

海拔3776公尺高的富士山，對日本人的意義比山高。對觀光客而言，就算沒登過富士山，也絕對看過富士山！不管是各種角度遠眺或是近看，或是從明信片、畫布、瓷器……等物品，都可以描繪出富士山的型態。

1　2
3

1　托櫻花之神的福，淺間大社成了賞櫻勝地。
2　淺間大社庇佑安產，巫女正進行祈福儀式。
3　昔日朝聖者浸身的湧玉池，現在只能看不能洗。

　　我特別喜愛從靜岡縣眺望富士山，相傳很久以前，人們為了祈求富士山停止爆發而供奉山神，神社原本位在山腳下，因為火山又噴發只得搬家，西元八〇六年移到現址，亦即靜岡縣的「富士山本宮淺間大社」，是富士山信仰中心，也是全日本一千三百座淺間神社中地位最崇高的總本宮。

　　一六〇四年，德川家康捐獻興建正殿、拜殿、樓門等，成就今日規模，其中以兩層樓的正殿建築最為獨特，這裡供奉的山神為淺間大神，正是美麗的女神「木花開耶姬」，人人仰望其高、愛慕其美。

　　木花開耶姬也是櫻花之神，託了女神的福，淺間大社的櫻花美景可是相當出名的，櫻花盛開時，朱紅色建築搭配粉紅花海，加上背景富士山，完美的畫卷景色浮現眼前。

　　此外，許多人來淺間大社參拜是為了祈求安產，原來是因為富士山雪水湧出地表，生水的「生」，在日語也等於生產。

　　淺間大社不愧是老大，湧泉水量相當大，形成一座湧玉池，經過多層熔岩過濾湧出的池水十分清澈，旁邊有現湧泉水可飲用，我輕啜一口，滋味甘甜可口，有些日本人還特地帶桶子取水回家呢！一來有喝有保佑，二來泉水富含礦物質，適合泡茶泡咖啡，我也忍不住裝了一水瓶。

富士山經常出現在浮世繪及詩歌著作之中，最著名的「竹取物語」你聽過了嗎？

故事描述樵夫在竹子裡發現小女孩，女孩長成漂亮姑娘，連天皇都仰慕，後來她留下不死藥回到月宮，天皇失戀心灰意冷，命人將不死藥放在最接近着天的山頂上燒掉，後人便稱此山為「不死山」，「不死」音同富士，從名字也可了解富士山的神聖意義，登上最接近神的富士山，是日本人的一生懸念。

「一生一定要爬一次富士山！」日本人的心中都負載著這神聖心願，來到這聖地的我也不禁興起日後登頂的雄心壯志！自古依慣例，每年七月初在淺間大社舉辦開山祭，然後開放登山至九月上旬。

然而，古代沒有交通工具、沒有手電筒、沒有保暖裝備，要如何登山呢？線索就在淺間大社。這裡收藏一幅四百年前的《富士曼荼羅圖》（複製品），細膩地描繪從前人們登山的方式。

從圖畫最下方看起，首先在神社參拜，脫得剩丁字褲後到湧玉池沐浴淨身，再換好白衣、帶著虔誠的心開始登山，爬到五合目天色已暗，但是不用怕，有錢好辦事，這裡有個小攤位，登山客買個火把就能照路，爬到山頂拜了神，正好是日出時刻，趕緊把握這感動的一刻，盡情瀏覽朝聖吧！（「合目」是日本傳統計算山高度的單位，從山腳到山頂分為十合，富士山海拔600公尺處是一合目，山腰2305公尺為五合目，再往上是六合目，直至3776公尺山頂的十合目。）

四百年後的今天，登山客一樣用雙腳登頂，登山路徑同樣絡繹不絕，但是情景改變許多，登山工具也進化許多，登頂後的儀式也早已變成拍照、打卡、按讚了！

↑　由左至右分別是：朝聖者淨身更衣、五合目買火把、登山路徑形成人龍。

古老圖畫裡山上沒有女人，因為從前禁止女人登頂，只准到二合目，直到明治時期才解禁；從前沐浴淨身的湧玉池，直到今日仍不斷湧出泉水，但只能洗手喝水，不准洗澡了！

　　此外，現代人爬富士山沒那麼多規矩，也不用辛苦的從山腳啟程，可搭車直達五合目，六小時就能攻頂了。只是人的方便卻是山的不便，登山客一多，垃圾也多，甚至有人戲稱只要跟著垃圾走，就能登上富士山了！於是也有一派日本人提出異議，讓聖山任意給人攀登，這樣做好嗎？此項爭議仍在持續中，而登富士山的人始終沒停過。

　　令人訝異的是，橫跨靜岡與山梨兩縣的富士山，山頂土地卻不屬於這兩縣，到底誰是富士山頂的主人呢？

　　根據文獻記載，西元一六○○年關原之役開打前，德川家康曾到淺間大社祈求，結果在這場關鍵性戰役中打敗西軍，從此成為日本真正的霸主，為感謝庇佑，家康除了興建正殿之外，又將八合目（3360公尺）以上土地獻給淺間大社。

　　一六○九年，淺間大社取得了山頂噴火口投入的賽錢回收權力，從此即有山頂的管理和支配權；一七七九年幕府裁決，淺間大社擁有八合目以上的支配權，直到明治時代國有化。

富士山登頂小檔案

　　二○一三年富士山成功列入世界文化遺產，想登頂的人更多了，其實現在登富士山相對容易，每年積雪融化後，一般從七月十日開山到九月十日，可以搭公車抵達五合目登山口，從山腰爬起省力許多，不需申請，在登山口付登山費即可。

　　目前富士山共有四個登山口，分別是靜岡縣須走口、御殿場口和富士宮口，以及山梨縣吉田口。若從東京出發搭巴士，3小時就能到登山口，上山平均走6小時，下山約3、4個小時，實際時間視個人的體力狀況。

　　雖然時間上可一天來回，但不建議這樣安排，靜岡縣觀光協會表示：常有外國人小看富士山而造成山難，山上氣候不定，夏天山頂氣溫也只有零下5度，常刮強風或下雨，體感溫度在零下10幾度，行前可先上富士登山網站（www001.upp.so-net.ne.jp/fujisan/）查詢。

這件事近代再打官司，一九七四年日本最高法院判決，在二○○四年把所有權還給富士宮淺間大社。所以，今日登山客爬上富士山頂，依舊是在木花開耶姬女神的地盤，山頂上有座淺間大社奧宮，供朝聖者參拜。

　　來日本如果看不到富士山一定會覺得遺憾吧！我特地問了觀光巴士導遊相澤小姐，依她的經驗，即使在山下也只有40% 的機率看得到富士山。

　　「富士山女神，愛漂亮又愛吃醋，如果見到比她漂亮的美女來了，就會氣得躲起來；如果有帥哥來，便馬上露臉見客。」日本人都這麼說了，如果下次來看不到富士山，就別太懊惱了。

〔富士山本宮淺間大社〕

🛉 靜岡縣富士宮市宮町1-1　　☎ 0544-27-2002
🕐 11月至2月6：00～19：00，3月與10月5：30～19：30，4月至9月5：00～20：00　　🌐 www.fuji-hongu.or.jp
🚌 JR「富士宮」站，步行10分鐘

這樣玩靜岡

駿河灣渡輪

在東京與山梨都能欣賞富士山，但只有靜岡能從海上看富士山，是靜岡限定風景。搭上駿河灣渡輪，土肥港與清水港之間一個鐘頭的時間，整個航線設在山麓地帶，猶如打開畫軸般的緩緩瀏覽富士山。

十月到翌年三月能清楚欣賞富士山，尤其春天最美，季風將雲層吹走，萬里無雲的藍天襯托出富士山的輪廓；不管任何季節前來，都最好早上搭船，趁天空清澈時欣賞美麗富士。

〔駿河灣渡輪〕

靜岡縣伊豆市土肥2920（土肥港搭船處）、靜岡市清水區日之出町10-80（清水港搭船處） 054-353-2221
每日4航班，航程時間約65分鐘 www.dream-ferry.co.jp/suruga/schedule.php

伊豆溫泉

伊豆是靜岡縣溫泉最集中的地區，各有不同特色，天城溫泉洋溢文學氣息，是川端康成《伊豆的舞孃》小說的舞台；長岡溫泉有千年歷史，據說源賴朝曾在此泡湯。

修善寺溫泉是伊豆歷史最悠久的溫泉區，最早的源泉「獨鈷之湯」相傳為弘法大師發現，老字號旅館、古老建築沿著桂川形成溫泉街。弘法大師創建的修禪寺是賞楓名所，每到秋季，楓樹與銀杏將古剎染得火紅金黃。

〔修禪寺〕

靜岡縣伊豆市修善寺964 0558-72-0053 shuzenji-temple.com
4月至9月8：00～16：30，10月至3月8：00～16：00
從伊豆箱根鐵道至終點「修善寺」站，轉乘公車「修善寺溫泉行き」至「修善寺溫泉」站下車，步行5分鐘

❀ 小丸子樂園

清水名人「櫻桃小丸子」，是永遠的小學三年級女生，深受日本與台灣人喜愛，由於作者出生在清水，清水港打造一座「小丸子樂園」，打造出小丸子的家、三年四班教室等場景，猶如走入卡通裡。

每到周末假日，真人扮演的小丸子與小玉會現身，與遊客開心合照。各種小丸子手帕、娃娃等限定商品，只有樂園買得到。

〔小丸子樂園〕

🛕 靜岡市清水區入船町13-15（心跳夢幻廣場）
🕐 054-354-3360
🕐 10：00～20：00，最終入館19：30
🌐 www.dream-plaza.co.jp/chibimaruko/
🚗 JR「清水站」東口，搭免費接駁車

❀ 土肥金山

土肥金山有三百多年採金歷史，產量僅次於新潟縣佐渡金山，一九六五年停採後改為觀光景點，開放400公尺坑道，以電動人偶呈現過去採金場景，讓遊客了解昔日礦工生活。坑道內有黃金神社，是礦工的精神寄託，裡頭還有泡湯池，當時挖著挖著，就挖到溫泉脈，礦工可以泡湯消除疲勞。

礦坑旁的黃金館展示世界第一大金塊，重達250公斤，可摸一把沾沾財氣，另有掏金砂體驗活動，掏多少賺多少。

〔土肥金山〕

🛕 靜岡縣伊豆市土肥2726　🕐 0558-98-0800
🕐 9：00～16：30　🌐 www.toikinzan.com
🚗 從駿河灣渡輪土肥港搭船處，步行至土肥金山

這樣 吃 靜岡

❀ 山葵冰淇淋

日本第一山葵產量在靜岡，而靜岡山葵70％出自伊豆，山葵對生長環境很挑剔，專挑好山好水，位在伊豆淨蓮瀑布下方的山葵農園，旁有湧泉，水質清澈，

終年保持13℃，山谷又有天然遮蔭，是種植山葵的最佳環境。

　　附近店家賣著山葵冰淇淋，在香草冰淇淋加上現磨山葵泥，明明吃進的該是甜味，卻又有嗆鼻的刺激，新奇的味蕾感受很受遊客喜愛。

✽ 壽司橫丁

　　靜岡縣駿河灣海岸線綿延500公里，海產資源豐富，清水港壽司橫丁有數間店家選擇，可享用各種美味壽司，不能錯過的是櫻花蝦壽司，駿河灣是全日本唯一能捕捉到櫻花蝦的海域。

　　此外，清水港的鮪魚捕獲量相當大，在壽司橫丁內的「大漁市場」除了品嘗鮪魚壽司，還可現場欣賞一尾50萬日幣的鮪魚解體秀。

〔壽司橫丁〕

⛩ 靜岡市清水區入船町13-15（心跳夢幻廣場）　☎ 054-354-3360　🕐 11：00～21：00　🌐 www.dream-plaza.co.jp
🚗 JR「清水站」東口，搭免費接駁車

這樣 買 買靜岡 🛍

✽ 富士山商品

　　靜岡處處都看得到富士山紀念品，從吃的、喝的、玩的，無一不是三角形富士山，二〇一三年被登錄世界文化遺產之後，全日本都變得熱血，各種富士山相關商品也引爆熱潮，像是面紙套，做成藍底的富士山造型，抽出面紙時猶如白色火山爆發，頗有創意。

 | 靜岡縣（中、西部地區） | 久能山東照宮、可睡庵 |

德川家康搞分身

有一部小說《影武者德川家康》內容設定德川家康早在關原之戰前夕被暗殺，
由樣貌相似的影武者指揮戰局，並創建了德川幕府。
小說固然虛構，但現實中德川家康確實有不少分身，
全日本共有一百六十間祭祀家康的東照宮，久能山東照宮最早、日光東照宮最出名，
到底哪一間才是本尊？

說到東照宮，世人皆知日光，其實原型藏在久能山。久能山東照宮所在的靜
岡市，昔稱駿府城，對一生奔波的德川家康而言，這個地方意義非凡。

幼年的家康，在駿府渡過戰戰兢兢的人質時期；統一日本建立幕府後，他風
光地回到駿府養老退休。換句話說，德川家康人生的起點和終點、苦難與榮耀都
在靜岡。

左　搭纜車登上久能山拜訪德川家康。　　右　家康在長眠之處能欣賞鍾愛的富士山。

　　西元一六一六年，德川家康病重，辭世前吩咐道：「我死後，將遺骸送到久能山，葬禮在江戶增上寺舉行，牌位要立在故鄉三河的大樹寺，一年後替我在日光建造一座小廟，好鎮守關東。」

　　家康死後獲日本朝廷賜封「東照大權現」，成為江戶幕府的守護神，這也就是「東照宮」名稱由來。而他所希望的日光「小廟」，最後蓋得無比華麗，成為超級搶鋒頭的日光東照宮，是所有東照宮的總本社，第一間的久能山東照宮反而少為人知。

　　如果你看過享譽國際的日光東照宮，再回頭造訪久能山，會發現久能山建築同樣華麗鮮豔、雕刻精采，看得出是日光東照宮原型，整體規模小了些，沒有擁擠的遊客人潮，可輕鬆細覽建築，而且內含許多與家康有淵源的故事。

　　神職人員番定先生說，久能山東照宮四百年來未曾變動，陵墓朝向家康的故鄉岡崎，二代將軍德川秀忠交由建築名人中井正清監工（京都二條城、名古屋城也是他的作品），並找來京都名匠雕刻，如同日光東照宮，許多雕刻具有意涵，比方說門樓上一隻會吃金屬的靈獸獏，代表和平時代來臨，已不需要刀槍兵器了。

　　「後來這些工匠留在當地，所以今日靜岡手藝靈巧的人很多，男生都迷戀的鋼彈模型，70%在靜岡製造……」聽到這裡我迷糊了？鋼彈模型也需要巧手啊？「當然需要囉！鋼彈必須精巧的技藝……」身穿神職白衣的番定先生，前一刻還在正經講古，被問到鋼彈，眼神馬上亮了起來說不停，而東照宮裡也擺了幾尊家康鋼彈，在神社出現鋼彈模型真是罕見呢！

1	/	1	久能山東照宮從建造完工後就不曾變動。
2	4	2	德川家紋三葉葵在東照宮無所不在。
3	/	3	東照宮雕刻許多奇珍異獸，暗喻和平到來。
		4	靜岡是鋼彈之鄉，東照宮收藏一尊武者鋼彈德川家康（圖中）。

　　家康過世後，他的愛馬經常來探視主人的陵墓，吃飯時間才回馬廄，等到馬兒死了，人們做了同樣大小的神馬供奉於東照宮，每年二月中旬可預約鑽腳底，能庇佑健康與安產。

　　相傳家康愛吃鯛魚天婦羅，最後也因吃了鯛魚天婦羅而腹痛倒下，死前吐黑血、腹部有硬塊，過去人們懷疑他遭毒殺，現代醫學則判斷為胃癌症狀，不論死因為何，喜愛家康的靜岡人，每年皆捐獻沙拉油給東照宮，希望他死後有口福，繼續吃著最愛的鯛魚天婦羅。

　　全日本共有一百六十所東照宮，德川家康不會分身乏術嗎？到哪一間東照宮參拜最好呢？對於我的疑問，久能山東照宮給了一個好答案：「家康葬在久能山，精神在日光，而分身庇佑了全日本，所以不管到哪一間東照宮祈求，效果都一樣。」

　　靜岡縣擁有德川家康的長眠之地，另一處與睡覺有關的寺院，留有幼年家康的足跡與溫馨故事。

1　2　3

1　家康愛馬死後繼續陪伴主人。
2　久能山東照宮與日光同樣華麗精采。
3　來跟德川家康比一比誰的手掌大。

四百多年前的可睡齋，原只是一間小寺院，作為今川家人質的竹千代（家康乳名）來此作客，當時的第十一代住持等膳法師，察覺有人要對竹千代不利，把他帶到後山洞窟躲藏，而逃過一劫。

　　心存感激的家康，成為濱松城主之後，召見等膳法師一行人，沒想到等膳法師居然打瞌睡，其他人甚為惶恐，家康看他睡得香甜，不忍叫醒他，就說「沒關係，我允許可睡。」等膳法師從此多個外號「可睡和尚」，寺院也被稱作「可睡齋」。

　　好心有好報，可睡齋在江戶時代擁有十萬石寺祿，擴建了規模，至今保留許多關於家康的痕跡，正殿有葵圖案的德川家徽；天花板懸掛的轎子，是家康到可睡齋的交通工具；當年家康避難的洞窟，至今仍完整保存。現在遊客造訪可睡齋，能體驗打禪，並品嘗講究的精進料理，一睡成名的寺院，是戰國時代裡的人情暖流。

1	2	3		1	家康幼年躲在此洞逃過一劫。
4				2	可睡齋供奉秋葉三尺坊大權限。
				3	德川家康搭乘過的轎子。
				4	平常睡不安穩的人，可買個「安眠健康守」。

〔久能山東照宮〕

⛩ 靜岡縣靜岡市駿河區根古屋390　☎ 054-237-2438
🕐 4月至9月9：00～17：00，10月至3月9：00～16：00　🌐 www.toshogu.or.jp
🚌 JR「靜岡」站，轉乘靜岡日本平線公車45分鐘至「日本平ロープウェイ」站，再轉乘日本平索道5分鐘至「久能山」站，步行可達

〔可睡庵〕

⛩ 靜岡縣袋井市久能2915-1　☎ 053-842-2121　🕐 18：00～16：00　🌐 www.kasuisai.or.jp
🚌 JR東海道線「袋井」站，轉乘公車至「可睡」站

5
6 7

5　天花板上繪有十二生肖。
6　可睡齋因可睡和尚而成名。
7　精進料理講究季節食材。

↓　可睡齋提供住宿坐禪體驗。

這樣 玩 靜岡 📷

❋ 大井川鐵道

全日本共有十多條蒸汽火車鐵道，僅有大井川每日運行，與台灣阿里山森林鐵路結為姊妹鐵道。

黑色的SL蒸汽火車頭與老車廂具有懷舊氛圍，沿途經過許多綠色茶園，最著名的風景是家山站附近的櫻花隧道，長達1公里，沿途種滿染井吉野櫻，每到春天火車奔馳而過，滿天飛舞的粉紅花瓣相當浪漫。

火車經過川根溫泉時，乘客都跑到窗邊揮手，泡湯者也光著身體揮手，當地人說，這可是日本唯一可看到別人脫光光的鐵道。

大井川鐵道起點新金谷站，設有圓形轉車台，可調轉蒸汽火車頭，特殊的轉車場景吸引不少鐵道迷前來拍攝。

過去還沒建造轉車台時，有些班次必須「倒退嚕」行走，但是日本人不喜歡倒著走的感覺，二〇一一年設立了SL蒸汽機關車的轉車台，班班火車都能向前行，搭乘率大為提昇。

〔大井川鐵道新金谷站〕

🎏 靜岡縣島田市金谷東二丁目1112-2　📞 0547-45-4113　🌐 www.oigawa-railway.co.jp

🚗 從JR金谷站，轉乘大井川鐵道從「金谷站」坐到「新金谷站」欣賞轉車台，再轉搭SL至「千頭」站

✲ 掛川花鳥園

標榜一年四季都可在舒適空間欣賞花鳥的「掛川花鳥園」，滿園都是常年盛開的溫室鮮花，最妙的是能夠與鳥兒互動，可參觀鷺、老鷹、貓頭鷹的飛行秀表演。

花鳥園裡豢養了約一百三十種世界各地鳥類，常見的綠頭鴨、天鵝、鴛鴦優游水塘等待餵食，貓頭鷹、孔雀、紅鶴、鸚鵡也能與遊客近距離接觸，台灣只能遠遠欣賞的黑面琵鷺，在花鳥園想合影都沒問題。

〔掛川花鳥園〕

🎏 靜岡縣掛川市南西 1517　📞 0537-62-6363

🕐 平日9：00～16：30（最終入園16：00），周六日與日本假日9：00～17：00（最終入園16：30）年中無休

🌐 www.k-hana-tori.com　🚗 JR「掛川」站，步行15分鐘

這樣 吃 靜岡

❀ 久能海岸草莓

　　久能海岸盛產草莓，長約8公里的海岸線上都是草莓園，被稱作「草莓海岸之路」，在一至五月草莓季節，可體驗採草莓並現場品嘗，園主提供煉乳，讓遊客吃得甜蜜蜜。

　　草莓海岸之路就位在久能山腳下，參拜完東照宮，順著一千一百五十九個石階往下走便能抵達。

〔久能海岸草莓園〕

⛩ 靜岡縣靜岡市駿河區根古屋　☎ 054-221-1105久能苺狩り組合　🕐 1月至5月9：00～16：00
🌐 www.kunou-ichigo.com/shop.html

❀ 靜岡黑輪

　　在靜岡市中心聚集不少黑輪店，靜岡黑輪特徵為顏色特別黑，加入濃口醬油煮成深色湯頭，吃法也不同，灑上海苔粉與柴魚片，沾著味噌醬品嘗。

這樣 買 靜岡

✿ 玉露茶

　　靜岡縣為日本玉露三大產地之一，岡部町「玉露之里」可以體驗採茶，並坐在優雅的茶室庭園品茗、吃茶點，學習最佳的泡茶方式之後，再選購茶葉回家喝好茶。

　　玉露是高級綠茶，生產過程首重防曬，新芽不能接觸陽光，蓋上黑網二十天，才能摘取、蒸菁、乾燥，最高級的玉露還要以手工揉捻，富含茶氨酸，喝起來清爽甘甜。

　　玉露相當耐泡，好喝與否，價格不是絕對，泡茶手法才是真正關鍵，需低溫沖泡，將沸水降溫到45～50℃，第一泡兩分半鐘；第二泡要多5℃，放一分半鐘，而且茶湯的精華在最後一滴，一定要倒乾淨，輪流倒在每一杯，讓濃淡平均。

〔玉露之里〕

Ⓚ 靜岡縣藤枝市岡部町新舟1214-3　　☎ 054-668-0019
🕐 9：30～17：00（冬季營業時間不定，請電話確認）定休12/28～1/2
🌐 www.shizutetsu-restaurant.com/?page_id=60
🚗 JR「燒津」站，轉乘公車玉取方向至「玉露裏」站，步行1分鐘

│新潟縣│雲洞庵│

「愛」在戰火蔓延時

2009年日本大河劇《天地人》播出時，熱血的戰國時代劇情、帥氣的男主角，
加上招牌頭盔大大的「愛」字，帶動一股直江兼續熱潮，
一間千年古剎，因為「愛」的旋風再度發光發熱。

描述兼續一生的《天地人》，是首齣以關原之役戰敗一方為主角的大河劇，直江兼續從小接受嚴格訓練，通過很多考驗，而且理想是世界和平，難怪今日能成為男主角，讓日本與台灣的「歷女」在螢幕上愛不完，紛紛踏上愛的旅程造訪兼續的故鄉新潟。

何謂歷女？

提到《天地人》，就不能忽略「歷女」。

日本經常發明流行語定位某族群，像是大家熟知的「魚干女」、「草食男」，「歷女」意指愛好歷史的年輕女性，二〇〇九年《天地人》播出時，這個用詞同步流行起來，還獲得當年流行語大賞前十名，直到現在熱度不減。

歷女帶動起戰國武將朝聖熱潮，她們通常偏好不得志的悲劇英雄，如直江兼續、伊達政宗、源義經，二〇一六年大河劇主人翁－真田幸村，也是歷女的口味。

新潟有三好，好米、好酒，還有好男人直江兼續。兼續誕生在新潟縣南魚沼市，這塊土地孕育了好吃的「魚沼米」，若說越光米是日本米中的精品，魚沼米就是精品中的精品，而直江兼續則可說是陪臣中的極品，連豐臣秀吉也看重他過人的能力，對他讚不絕口，據說還曾企圖重金「挖角」。

兼續故鄉有座禪寺「雲洞庵」，創建於西元七一七年，在戰國時代因名列「越後四大寺院」而香火鼎盛，在近代，又因為直江兼續再度翻紅。

雲洞庵以治病靈泉聞名，昔日赤門只有皇室、大名可以行走，平民百姓只能走旁邊的黑門。由赤門往內走是一條參道，石坂下埋藏玄機，過去達官貴族將刻有法華經的石頭埋到地面下一公尺處，全長80公尺的參道，總共埋有七萬個經文，這表示走在參道上，等於步步祈福，又據說走在上面會有回音。

↑　新潟魚沼一帶生產好吃的越光米、魚沼米。

雲洞庵是名寺，自古也是讀書修煉的地方，直到今日仍是一個可以提供坐禪修行甚至住宿的地方。據記載，直江兼續（幼名與六）五歲時成為上杉景勝的侍童，陪著小主人一起到雲洞庵修煉。

試著想想，五歲還只是個小屁孩，在台灣差不多是唸幼稚園的年紀，可能一把眼淚一把鼻涕的被爸媽拖進幼稚園，也可能還沒戒掉奶嘴，說不定午休還會尿床。但是堅強的兼續小朋友不是來唱唱跳跳吃點心的，他在雲洞庵附屬幼稚園裡的課程表，全排滿了讀書、打坐與打雜工作。

他的幼稚園老師不是教唱遊的大姊姊，而是老住持北高全祝禪師，唸書地點在方丈間，必修課包含了中國古代文學，內容是艱澀的漢字。

最可憐的是，若下起連日大雪，雪深到把整個禪寺都埋起來了，學生連下課時間都無法出門玩溜滑梯、蹺蹺板，就只得整天關在裡頭用功與打坐。

肚子餓了？對不起，這裡沒有煮點心的廚房阿姨，得自己種菜、砍柴、煮飯，這些雜務，兼續小朋友沒有特殊待遇，也都得親手做。雲洞庵，真是一所鐵血幼稚園。

1　2
3　4

1　雪國越後冬天非常寒冷，雪深到把禪寺都埋了。

2　想效法直江兼續，可來雲洞庵體驗打坐。

3　上杉景勝與兼續幼年讀書的方丈間，屏風上畫著當時場景。

4　《天地人》播出後帶動南魚沼的旅遊熱潮。

　　就是因為從小勞其筋骨、苦其心智，直江兼續長大後，成為文武雙全的戰國智將，懷抱著堅強的志向，崇高的理想，在戰國時期開展一片獨特的「愛式作風」。

　　關原之役戰敗後，上杉家領地從一百二十萬石的會津被調到三十萬石的米澤，收入是以前的四分之一，還要養六千名家臣，但是直江兼續沒裁員，只將家臣薪水降成三分之一，自己更大幅降薪為過去的十二分之一，然後帶領大家開墾荒地，使米澤成為實際五十萬石的豐饒土地。能夠設身處地為他人著想，這就是兼續為人稱道的「義」。

　　電視劇找妻夫木聰扮演直江兼續，不是沒有道理的，兼續向來被定位為美型男，以身高來說，戰國三雄中的豐臣秀吉估計只有140多公分，德川家康約157公分，織田信長165至170公分已算高大，而兼續據說身高180公分，在當時可說是武將中的長人了。

　　兼續與妻子阿船的感情甚篤，從未納妾，頭盔上一個大大的「愛」字，象徵日本武將崇拜的軍神愛染明王，也有人認為這代表仁愛與愛民，不管他的原意為何，他的「愛」被添加浪漫色彩，曾經在「日本現代女性最想嫁的男人」調查排行榜中拿下第一。

　　「愛」也是絕佳商機，雲洞庵繡有「愛」字的御守，被年輕情侶當成愛情護身符。此外，在新潟到處可見「愛」的紀念品，像是帽子、領帶、鑰匙鏈、手機吊飾都有愛字，連Hello Kitty也頂著愛的頭盔，以愛為名，當真是愛到最高點了。

〔雲洞庵〕

⛩ 新潟縣南魚沼市雲洞660　☎ 025-782-0520

🕐 4月中旬至11月9：00～17：00（最終入場16：30），12月至4月中旬10：00～15：30（最終入場15：00）

🌐 www.untouan.com　🚗 JR「六日町」站，轉乘公車至「雲洞入口」站，步行20分鐘

這樣 玩 新潟 📷

❈ 越後湯澤溫泉

「穿過邊界長長的隧道，就來到了雪國……」這是諾貝爾文學獎得主川端康成在小說《雪國》的開場，描寫舞妓駒子的淒美愛情，故事背景在新潟越後湯澤，一家古老溫泉旅館「高半」之中。

川端康成從東京來到八百多年歷史的湯澤溫泉，認識了舞妓松榮，並將她化為筆下的「駒子」。旅館至今留有松榮十八歲黑白照，並保留了川端康成當年居住的霞之間，遊客泡著未加水加熱的純天然溫泉，同時遙想雪國場景與文豪戀情。

〔雪國之宿 高半〕

⛩ 新潟縣南魚沼郡湯澤町湯澤923 📞 025-784-3333 🌐 www.takahan.co.jp
🚗 JR「越後湯澤」站，步行20分鐘或聯絡旅館接送

❈ 大源太峽谷

「大源太峽谷」並非知名景點，但距離湯澤町街區才不過十分鐘車程，可輕鬆領略美景，擁有森林與天然湖等豐富的自然資源，湖光山色靜謐而優美。

大源太湖周邊有五公里步道可遊逛，五月至十一月是最佳遊覽季節，可野營、划船、賞鳥，享受清新大自然。

〔大源太峽谷〕

⛩ 新潟縣南魚沼郡湯澤町旭原
📞 0257-85-5505 湯澤町觀光協會
🌐 www.e-yuzawa.gr.jp
🚗 JR「越後湯澤」站，轉乘南越後觀光公車大源太線，至「大源太キャニオン」站

❊ 苗場田代纜車

苗場田代纜車長達5481公尺，為世界數一數二長的纜車，原是苗場、田代兩處滑雪場的移動工具，因為秋季滿山楓景實在太美，成為熱門的空中散步賞楓去處。

一般纜車只是從低處拉到高處，苗場田代纜車特別沿著山勢上上下下，每當爬過一處高峰，突如其來的紅黃色山谷映入眼前，一聲驚嘆過後，又往下接近山谷溪流，搭纜車猶如看動畫，眼前轉換一幕幕的楓紅秋色。

〔苗場滑雪場（苗場王子大飯店）〕

⛩ 新潟縣南魚沼郡湯澤町三國　☎ 025-789-2211
🕐 2015賞楓纜車10/10～11/8，9：00～16：00（最終入場15：00）　🌐 www.princehotels.co.jp/naeba-area
🚗 JR「越後湯澤」站，轉公車至「苗場プリンスホテル」站

❋ 佐渡島

　　佐渡島為日本最大的島嶼，平安時代是流放政治紛爭敗者的地方，雖然位置偏遠，卻保有貴族文化，加上江戶時代開採金礦的武士與商賈文化，融合成佐渡特色，至今流傳田樂歌舞、佐渡民謠與傀儡戲等傳統藝術。

　　島上知名景點佐渡金山，以電動人偶實地重現開採金礦的情形，朱鷺森林公園可目睹天然紀念物「朱鷺」，最有趣的莫過於小木港盆舟，在宮崎駿的動畫《神隱少女》中也曾出現，過去婦女為了採海藻、捉魚貝，利用大型木桶方便在沿岸行進，遊客也可以自己體驗划槳。

〔佐渡島〕

🌐 www.visitsado.com

🚗 JR「新潟」站，轉乘公車至「新潟港」站，再搭佐渡汽船（www.sadokisen.co.jp）到兩津港；佐渡島上可租車或搭公車

這樣吃新潟

越光米與魚沼米

好吃的越光米產地在新潟，最優質的越光米「魚沼米」則出自魚沼地區，魚沼新米中的一等米，屬於有機栽種，價格是越光米的三倍。

魚沼米之所以特別好吃，祕密在生長環境，當地以越後山脈的清澈雪水灌溉稻田，礦物質成分高，加上早晚溫差大，而且稻田海拔在160至200公尺，最適合種植好米，造訪新潟不要忘記好好當個「飯桶」，品嘗越光米及魚沼米。

這樣買新潟

清酒

好水與好米造就新潟的好酒，購買之前想試喝，可以造訪JR越後湯澤車站內「ぽんしゅ（PONSHU）館」，館內收集新潟當地生產的所有清酒，多達一百三十多種左右讓遊客品嘗，只要花五百日圓，就可以喝五杯清酒，像自動販賣機一樣，自己選酒自己投代幣。

太多選擇不知道如何下手，牆壁貼有人氣排行榜提供參考，比如久保田、越乃寒梅、桃姬都是受歡迎的酒款，天地人、駒子雪等以日劇或小說為名的清酒，也頗受青睞，喝到喜歡的酒，再到隔壁店家購買。

〔ぽんしゅ館（ポンシュカン）〕

新潟縣南魚沼郡湯澤町湯澤2427-3（JR越後湯站內）　025-784-3758

4月至12月9：00～18：00，1月至3月9：00～20：00

www.ponshukan.com/index.htm

 │ 長野市 │ 善光寺 │

摸來摸去，摸出好運！

千年歷史、第三大木造建築固然令人蕭然起敬，
但大夥兒來善光寺的目的，全為了那「不能看的祕密」！

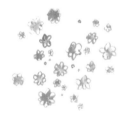

說真的，這輩子極少經歷過這麼暗摸摸的世界，即使曾漫步在沒有光害的馬爾地夫海邊，或是西藏高原上沒有發電機的漆黑夜晚，多少還有天上星月指引，但是在善光寺經歷的幽暗，伸手不見五指，從恐懼、無助到重見光明的喜悅心情至今忘不了。

　　長野市善光寺有一千四百年歷史，是日本排名第三大的木造建築，僅次於奈良東大寺與京都三十三間堂，穿過大門，遠遠就能看到參道另一頭高20公尺的山門，本堂的柏樹皮屋頂為雙重結構，被指定為國寶，正面懸掛「善光寺」三個字以鴿子模樣書寫相當獨特。

熱心的解說員介紹了許久，善光寺的建築確實很精采，但是我猜大多數人都跟我一樣，不急著用眼睛欣賞，只想趕快入寺好好的親手摸一摸，這善光寺就是以摸出好運聞名的啊！

第一摸，走近本堂前的巨大香爐，許多人正摸著冒出來的煙，猛往自己身上搧，哪裡不舒服，就往哪裡搧，煙到病除，我也趕緊湊近香爐摸摸煙，哪兒都不在意，只往頭部搧，神啊，我不貪心，只求把我的腦袋治好一點，不要再那麼健忘。

第二摸，踏進本堂，好多人搶著摸一尊木雕羅漢，原來這也能治病，只要同時摸著羅漢與自身病痛位置就能痊癒，經年累月下來，佛像已經被摸個滑溜溜，摸到手指頭變得好細，五官也快不見了。

第三摸，是來到善光寺不能錯過的「戒壇巡」，戒壇位在本堂地板下的黑暗迴廊，下去之後伸手不見五指，號稱「全世界最暗的地方」，必須靠手摸著行進，只要能在黑暗中摸到掛於祕佛正下方的鎖頭，就能與本尊結緣，是很有趣的體驗。

為什麼要弄得這麼神祕兮兮呢？因為善光寺供奉的是祕佛（如來佛本尊），從不公開讓人參觀，即使是每七年舉辦一次的開龕盛典，也只能參拜分身佛，祕佛本尊還是神祕到家，絕不曝光。

爬下樓梯走進戒壇，雖然行前就聽說戒壇黑漆漆，但我沒心理準備會暗到這種地步，完全沒有光線，要不是後面的人前進，促使我不得不往前走，不然還真的很難跨出每一步，何況在黑暗中還要達成觸摸鎖頭的任務。

↑　摸一摸，哪裡有病痛就摸羅漢同樣部位。
←　搧一搧，香爐的煙可治病。

我聽從解說員先前的提示，將右手維持在腰部的高度，一路扶著神座走，果真摸到一個巨大的鎖，按捺住興奮叫出聲的衝動，我將鎖頭左右各扳一下，代表得到了與神佛心靈相通、幸運降臨的祝福。

走出戒壇，回到熟悉的光明世界，我鬆了一口氣，據說戒壇巡具有「模擬死亡」的作用，從恐懼漆黑，到感激光明，戒壇走一遭，確實有這種死而復生的意味呢！

為了慶祝重回人間，得好好吃一頓才行，善光寺外的參道上聚集了上百間商家，包括兩百多年歷史的「八幡屋礒五郎」七味粉老店，以及「彌生座」利用長野產的蔬菜與吃蘋果長大的信州牛，一起置入蒸籠裡蒸熟，是善光寺美食名店。吃過了美味，祭飽了我的五臟廟，這才是真正的幸福人間啊！

〔善光寺〕

🛐 長野市元善町491　📞 026-234-3591

🕐 本堂4：30～17：00 善光寺史料館5：30～17：00 山門6：30～20：00　🌐 www.zenkoji.jp

🚌 JR北陸（長野）新幹線至「長野」站，轉乘公車10分鐘

1　參道兩旁聚集許多美食與伴手禮店鋪。
2　善光寺戀愛籤頗為靈驗。
3　仁王門掛了參拜者奉獻的草鞋。
4　八幡屋礒五郎是七味粉老店，推出外型如馬卡龍的點心。

這樣玩長野 📷

❋ 澀溫泉

長野是日本知名溫泉鄉，全縣有兩百多處溫泉，在湯田中就有九個溫泉鄉，其中以澀溫泉最有特色，共有九個公共浴池，只要向下榻旅館拿浴池鑰匙，再去買一條「巡浴厄除御祈願手拭」，穿著浴衣、腳踩叩叩響的木屐，散步在饅頭蒸氣與溫泉白煙迷濛的街道，慢慢享受澀溫泉獨特的泡湯樂趣。

九個浴池有的很樸拙簡單，有的配備檜木蒸氣室，各有不同療效，一番湯可治腸胃病，二番湯專治慢性溼疹，其他還有眼疾、婦女病、慢性痛風等，好像到醫院掛號看診，有什麼病就掛哪一科，泡完一個浴池就蓋一個章，集滿九個章之後，就可以到藥師庵許願祈福。

〔澀溫泉〕

⛩ 長野縣下高井郡山ノ內町
☎ 0269-33-2921澀溫泉旅館組合
🌐 www.shibuonsen.net
🚗 長野電鐵「湯田中」站，轉乘公車往上林方向，約7分鐘至「澀溫泉入口」或「澀溫泉和合橋停留所」站

❋ 地獄谷野猿公苑

從湯田中澀溫泉鄉走進深山小徑來到「地獄谷野猿公苑」，工作人員表示，從前猴子跑進村子溫泉池拉屎搗蛋，當地人提議乾脆蓋一座猴子專用浴池，一九六四年成立野猿公苑，隔年陸續有猴子發現冰天雪地泡進溫泉可取暖，於是一代代傳承，成了當地猴子的福利。

猴子泡湯的模樣很搞笑，有的瞇起眼睛享受其中，有的互相搔背，還有猴子大概是泡太久了，乾脆把手腳伸出來納涼一下。

〔地獄谷野猿公苑〕

⛩ 長野縣下高井郡山ノ內町平穩6845
☎ 0269-33-4379
🕐 4月至10月8：30～17：00，11月至3月9：00～16：00
🌐 www.jigokudani-yaenkoen.co.jp
🚗 由澀溫泉步行約30分鐘

❀ 志賀高原

　　長野縣位於日本中央地帶，擁有3000公尺高的阿爾卑斯山脈，每到秋季山林一波波轉黃紅，尤其在志賀高原，是日本攝影家公認紅葉絕景之一，滿山渲染秋色的美景出現在十月，預計紅到十一月上旬。

　　志賀高原上有許多濕原與池塘，湖面倒映岸邊鮮明色彩的樹林，形成一幅絕美山水，也是熱門的拍照地點，遊客可選擇輕鬆的散步路徑，或是正規的登山路線。等到冬天，高原就變成了白雪世界，也是人氣滑雪場。

〔志賀高原〕

🚻 長野縣下高井郡山ノ內町志賀高原　　📞 0269-34-2133志賀高原導遊組合　　🌐 www.shigakogen.gr.jp
🚗 JR「長野」站，轉乘志賀高原急行公車約70分鐘；或從長野電鐵「湯田中」站，轉乘公車35分鐘可達

❀ 白馬八方尾根

長野紅葉名所「白馬八方尾根」，位在阿爾卑斯山脈後部的白馬山岳，自然景觀豐富，為登山與賞楓好去處，全長3445公尺的空中散步，可搭三種不同纜車上山，分段體驗不同的山麓楓情；時間與體力足夠的話，可再往上爬到八方池，欣賞高山湖泊幽靜之美。

白馬山區共有七個佔地遼闊的滑雪場，從簡單的滑雪板到玩家級的越野滑雪都可玩耍，其中以雪質細緻的白馬八方尾根特別受歡迎。

〔白馬八方尾根〕

🚏 長野縣北安曇郡白馬村
☎ 0261-72-2715
🕐 5月底至10月，約7：00～17：00（實際運行時間請查詢網站）
🌐 www.happo-one.jp
🚗 JR「白馬」站，轉乘公車至「八方」站

❀ 妻籠宿

江戶時代的中山道木曾路，是連接東京與京都之間主要通路，為了讓路人歇腳，設有多處驛站，妻籠宿即是其中之一。由於妻籠人致力保護，妻籠宿猶能保留驛站街景，古老建築、常明燈和飲水站，都保留著驛站的昔日風貌，猶如走進時代劇的場景。

暢遊妻籠宿的最佳方式，要效法古人行走散步，遊走包圍在山林中的古街道，逛逛店舖裡各形各色的木屐或幕簾，走累了買串五平餅品嘗，想像屋宅裡下一個走出來的是威風武士，為時光停駐的氛圍所感動。

〔妻籠宿〕

🚏 長野縣木曾郡南木曾町吾妻
☎ 0264-57-3123妻籠觀光協會　🌐 www.tumago.jp
🚗 JR「南木曾」站，轉乘公車至妻籠宿

❋ 諏訪湖

　　長野縣最大湖泊諏訪湖，每年八月十五日舉辦盛大的湖上花火大會，沿著湖畔有多處景點可串遊，泡湯、嘗美食、逛美術館，漫步湖邊林木小徑也相當舒服。

　　諏訪湖畔溫泉資源豐富，連湖裡都有溫泉湧出，湖畔間歇泉每隔一個半小時噴出一次，湖畔公園有免費足湯設施，享受泡腳順便欣賞湖景。

〔諏訪市湖畔公園足湯〕

🛕 長野縣諏訪市湖岸通り2丁目208-307　☎ 0266-52-4141
🕐 足湯4月至11月9：00～18：30、12月至3月9：00～17：30
🌐 www.city.suwa.lg.jp/www/info/detail.jsp?id=602　🚗 JR中央本線「上諏訪」站，步行約15分鐘

這樣  吃 長野

❋ 蕎麥麵

　　蕎麥麵營養豐富，是注重養生的日本人最愛吃的麵食，舊名信州的長野，自古以來是知名蕎麥產地，信州蕎麥更是日本蕎麥中的名牌，信州人特別長壽，據說祕訣就在常吃蕎麥麵。

信州各地區都有獨自的作法與吃法，比方說三味蕎麥涼麵，有三種沾醬，首先夾起麵條沾沾清淡的醬油或蘿蔔汁，再試試味道比較濃郁的核桃味噌醬，唏哩呼嚕將麵條吸入口。有些店家提供體驗課程，遊客可現場品嘗自己手作的滋味。

❊ 信州十四豚

台灣人熟悉的日本養命酒，生產地在長野，近年在諏訪市開了「くらすわ（Kulasuwa）」店面，將養生健康概念延伸到各種產品，可逛可買可嘗美食，一舉數得。

養命酒主要成分為十四種藥草，くらすわ將藥草酒粕餵養豬，不使用抗生素，讓豬健康長大，命名為「信州十四豚」，肉質柔軟甘甜多汁，在二樓餐廳可品嘗全套養生料理，同時透過落地玻璃欣賞諏訪湖之美。

一樓購物店可選購信州地產的食品，與生產者協同開發，果醬使用當季水果製作，並添加藥草，蘋果果醬加了玫瑰果、洋梨果醬添加薑，清爽的藥草醋則以藥草技術製作，都具有健康概念。

〔くらすわ〕

⛩ 長野縣諏訪市湖岸通3丁目1-30　📞 0266-52-9630
🕐 1樓店面 9：00～19：00、2樓餐廳 11：00～14：00、17：00～22：00（點餐時間到21:30為止）
🌐 www.clasuwa.jp　🚌 JR中央本線「上諏訪」站，步行10分鐘

這樣買長野

❀ 清酒蛋糕

長野有較冷的氣候與品質優良的稻米、淨水，是釀造清酒的好環境，全縣擁有八十多家酒廠，除了直接購買清酒，百年糕餅老店「梅林堂」近年研發清酒蛋糕，以諏訪地酒融入蛋糕，有不同清酒口味，分別以各酒廠酒款命名，酒不同，蛋糕味道也有差異。

清酒味道纖細，作成蛋糕仍有濃郁酒香，含2％酒精度，吃多了會醉。此外，以長野新鮮牛奶製作的「諏訪之月」、有核桃口感與焦糖甜香的「核桃焦糖餅」，都是人氣商品。

〔梅林堂諏訪店〕

🏠 長野縣諏訪市城南1-2556-7　📞 0266-54-7971　🕙 10：00～19：00　🌐 nouvel-bairindo.com
🚗 JR中央本線「上諏訪」站，步行20分鐘

❀ 蘋果甜點

長野盛產蘋果，在日本人心目中，信州蘋果的排行僅次於青森，其中以富士品種最好吃，信州蘋果好吃有三個原因，一是開花期較早，蘋果能在樹上充分成熟，二是長野日照時間長，蘋果能儲存充分的太陽能量，加上夏季日夜溫差大，把美味緊緊地封住，使得蘋果清脆又

可口。雖然台灣吃得到信州蘋果，但價格比在日本貴一

倍，秋天造訪產地不妨大啖蘋果，不少觀光蘋果園開放讓遊客體驗採果。若要購買伴手禮，以信州蘋果為餡料的各式甜點具有代表性。

肆│近畿

⛩ ① 貴船神社 ② 上賀茂神社 ③ 晴明神社 ④ 春日大社 ⑤ 熊野本宮大社

🏯 ① 愛宕念佛寺 ② 西芳寺 ③ 東大寺 ④ 興福寺 ⑤ 元興寺 ⑥ 飛鳥寺
⑦ 和歌山高野山奧之院 ⑧ 青岸渡寺

📍 ① 美山町觀光協會 ② 哲學之道 ③ 渡月橋 ④ 錦市場 ⑤ 祇園
⑥ 奈良町資料館 ⑦ 石舞台 ⑧ 紀州備長炭發見館 ⑨ 南紀白濱梅樽溫泉飯店
⑩ 南紀勝浦溫泉中之島飯店 ⑪ 勝浦漁港

🏺 ① 鳥居茶屋 ② 多聞堂 ③ 和洋御菓子司とらや ④ 平宗柿葉壽司

👜 ① よーじや本店 ② 中村藤吉本店 ③ 中川政七商店

♨ ① 仙人風呂 ② 川湯溫泉

| 京都市 | 貴船神社、晴明神社 |

尋找陰陽師傳說

有一陣子我深深著迷於夢枕獏筆下的「陰陽師」，
幻想自己是風雅又有本事的安倍晴明，有個能夠賞月共飲的知己源博雅，
於是特地去尋找陰陽師的足跡，重返平安時代洋溢奇幻氛圍的京都。

平安時代安倍晴明守護的京都，千年之後是怎樣的光景？
京都之北的鞍馬山，充滿山林靈氣，是尋找陰陽師傳說的好開始，從鞍馬
站下車開始爬坡，還沒找到晴明與博雅這對好哥們，倒是先遇見了源義經。

鞍馬寺是牛若丸（源義經的乳名）修行的寺廟，這裡有不少遺跡都跟他有關。傳說牛若丸不愛唸經誦佛，經常偷溜出來找天狗學武術，樹根交錯的「木根道」是他的障礙跑道，用來練習跳躍；「息次之水」是他的飲水機，與天狗練劍之後來此喝泉水；「背比石」是他的身高測量尺，這塊石頭依我目測大約120公分高而已。

　　源義經自小苦練武術，長大後果然成就非凡，在源平戰役中打敗平家為家族復仇，附帶一提的是，源義經功高震主，被哥哥源賴朝猜忌，最後自盡結束轟轟烈烈的三十一歲生命，這麼強烈的悲劇英雄色彩，毫無疑問也是日本歷女們的「天菜」。

　　我雖然欣賞源義經，但此行目的並不在這位小個子武士，趕緊告別義經繼續上路。

　　從鞍馬前往貴船神社是山路，這一段路並不好走，此時此刻真希望天狗能夠現身來指點兩招，好讓我健步如飛，所幸沿途古木夾道，綠蔭遮陽，還有寺廟歇腳，慢慢行走享受森林浴也是挺舒服的。

　　天狗一直沒出現，不知不覺我已來到貴船神社，順著兩排亮麗的紅色獻燈拾階而上，盡頭就是本宮了。

1　　2　　3

1　　傳說源義經一身武藝由鞍馬天狗傳授。
2　　鞍馬寺與貴船神社位置接近，可安排順遊。
3　　源義經練習跳躍的樹根？

↑　貴船神社是繪馬發源地。
←　相傳第一代日本天皇神武天皇的母親搭船
　　至此上岸，是貴船神社的由來。

　　貴船神社位在鴨川源頭，為京都水源地，祭祀水神，從前要祈雨或止雨，都要奉獻馬匹給神明，祈雨獻黑馬，止雨獻白馬，但古代的馬匹不多，在《陰陽師》裡的平安時代，京都「馬路」其實是「牛路」，王公貴族與宗姬小姐出入都靠牛拉車。

　　買不起馬獻給神明，於是人們改用畫的，在木板畫上馬的圖案來代替，好在神明沒在計較真假，算是體恤凡間的好神。

　　久而久之，人們只要來神社參拜，都在木板寫上願望，掛起來讓神明看到並且保佑實現，這個祈福方法傳到各地，演變成每個神社都看得到的「繪馬」，我們現在到日本每個神社能夠花錢買各種繪馬，在繪馬寫下心願與簽名到此一遊，都要感謝發源地貴船神社。

　　本宮天然湧出的御神水，據說能治百病，又有特殊磁場，因此可以嘗試有趣的「水占卜」。水占紙原是無字天書，放入御神水沾濕，白紙上便會浮出文字，究竟會出現吉卦還是凶卦，在等待浮字的時間好興奮，很難心如止水呢！

　　接下來到結社，中宮供奉結緣之神，是祈求良緣的地方，也是許多女孩前來貴船神社的目的。

平安時代女詩人和泉式部曾來此祈禱，希望神明幫她拯救婚姻，並寫下了詩句「睹物思情，池邊流螢飛舞。宛如我的軀體，離恨愁魂」，經過這次祈願，和泉式部成功喚回夫婿的心，貴船神社因此聲名大噪，現代求愛的女孩也把心願寫在結緣文上，綁在神社前打個結，象徵從此結了良緣。

但是，前來貴船神社祈禱愛情的女人，並非每一位都能得到圓滿結果。

不遠處的奧宮自古流傳鐵輪女傳說，這段故事在《陰陽師》化成了「三腳鐵環女」，因為遭情人背叛，夜夜在丑時來到貴船神社哭訴「君何以始亂終棄」，用鐵鎚敲稻草人偶釘在樹上，好詛咒負心漢與小三，滿心纏繞的愛恨情仇讓她化為厲鬼，最後連晴明也束手無策。（京都流傳另一個版本，鐵輪女被晴明封印在下京區的「鐵輪之井戶」，若想與某人分手，喝下井水從此恩斷義絕。）

奧宮立了看板描述這段愛情悲劇，身旁那棵大樹看來特別滄桑，樹皮也剝落了些，莫非就是三腳鐵環女進行「丑刻參拜」的那棵樹？

我在拜讀小說時，對於安倍晴明這號人物是否真實存在心中充滿了矛盾，很希望晴明與博雅好搭檔真有其事，但如果世上真有這麼厲害的陰陽師，相對就有這麼多的妖魔鬼怪，倘若哪天在京都逛著也遇上百鬼夜行，豈不是恐怖？

還在懷疑虛實時，我聽聞京都有一間「晴明神社」的存在，而且正是蓋在晴明的故居上，直接就為我的疑問給了答案，「去不去？」「走。」「走。」我心底的晴明與博雅這樣一搭一唱，於是成行了。

根據晴明神社提供的資料，安倍晴明生於西元九二〇年，卒於一〇〇五年，八十五歲過世後，天皇為了鎮住天地間無主荒魂，下令在晴明故居上建造了現在的社殿，原本佔地廣大，歷經戰亂面積縮小，甚至一度荒廢，後來幾經修繕，加上近年動漫、小說與電影推波助瀾，重新找回晴明神社的人氣。

1　2　3

1　和泉式部祈求戀情順利，但日後仍舊分手。
2　原本是綁草結緣，後來為了保護植物以綠色和紙取代。
3　水占卜遇水就能卜出吉凶。

1	2
3	4

1　晴明神社位在昔日御所東北方，正是鬼門方位。

2　鳥居上的五芒星是晴明慣用的咒符。

3　厄除桃有驅除邪氣的力量。

4　一條戾橋下住著晴明招喚的式神。

晴明神社的功能是驅魔、除厄，但我像來追星的粉絲，走近鳥居抬頭看，閃耀的五芒星，就是晴明招牌的祈禱咒符「晴明桔梗」，其他還有一條戾橋、式神石像、晴明井，唯一遺憾是找不到博雅的蹤跡，沒有博雅，夜來坐在面向庭院的窄廊，晴明能與誰對飲？

晴明擔任的陰陽師是國家公務員，他的工作包括天文觀測、驅逐災難、占卜吉凶，大事如國家安全，小事如生活作息，都是晴明等陰陽師的任務。

平安時代的貴族早上起床第一件事，就是翻閱陰陽師製作的行事曆，今天能夠洗澡？適合出門嗎？可以剪指甲嗎？而且剪手指甲與腳指甲各有好日子，別笑貴族們迷信，這道理跟我們參考本週星座運勢大同小異。

陰陽師之術也運用在戰場，戰國時代武將手上軍扇便是一種咒術，例如毛利元就有一回打仗，翻翻行事曆當天是「絕命日」，照理說雙方都應休兵一天，元就卻拿起他的軍扇，此扇兩面畫有日月，他舉起月亮面，再轉到太陽面，表示過了一天，鼓舞軍隊別擔心日子不吉，照常出兵殺個敵人措手不及。

另外一個例子是，本能寺之變後，豐臣秀吉為幫織田信長報仇，在姬路城準備出兵攻打明智光秀，占卜結果是「出發無法回來」，秀吉解讀成「不會回來，因為打贏了」，把不吉的占卜，變成必勝的信念，如同咒語般讓士氣大增，打敗了光秀。

一個轉念能讓秀吉扭轉歷史，一個轉念也能讓鐵環女成厲鬼，占卜、法術是一回事，懂得正向思考去運用才是本事，不要相信事情表面，我想這才是安倍晴明教會我們的事。

貴船神社

⛩ 京都市左京區鞍馬貴船町180　📞 075-741-2016
🕐 5月至11月6：00～20：00，12月至4月6：00～18：00　🌐 www.kifunejinja.jp
🚗 搭叡山電車鞍馬線，至「鞍馬站」下車；若只造訪貴船神社，可直接搭到「貴船口」站，轉乘京都公車33號到「貴船」站

晴明神社

⛩ 京都市上京區晴明町806　📞 075-441-6460　🕐 9：00～18：00　🌐 www.seimeijinja.jp
🚗 地下鐵「今出川」站，步行12分鐘

↑　苔寺謝絕臨時參觀，行前要先寫明信片預約時間。

左　青苔地毯與楓葉紅配綠。　　中　苔寺青苔多達上百種。　　右　愛宕念佛寺一對互相倒酒的羅漢。

京都妙事：美麗的意外

京都的神社與寺廟何其多，但我獨鍾小而美、別具個性的寺廟。

苔寺是個美麗的意外，通常命運是被除之而後快的青苔，在這間寺廟成了隆重的主角，我慕名而來全為了一睹青苔之美。

青苔生長得隨性，但苔寺的參觀規矩可不隨便，為了保護那片鎮寺之寶——青苔，必須控管人數，參拜不能說來就來，不管你來自何方一律採預約制，需事先寫信報名，註明希望參觀日期、人數與代表人姓名、地址，並準備空白明信片，貼好七十日圓郵票，寫妥自己的姓名地址電話，由寺方回信指定入園時間。

好不容易等到指定時間了，帶著寺院寄來的參拜證想立馬進去參觀？且慢且慢！寺方要求參觀者必須先定下心，安靜坐下來抄寫心經一遍，寫完了才放行。

坐在我前方是一位金髮老外，他左手抓著頭、右手抓著毛筆，一筆一畫仔細的「描」漢字，看起來挺吃力的，我交卷之後在心中默默為他加油。

　　逐步完成寺方規矩之後，我終於得到參觀青苔的許可了！

　　苔寺的正式名稱是「西芳寺」，創建於奈良時代，以兩段式庭園著稱，曾經遭到幾次火災而荒廢若干個世紀，無人打理的名園遍地長滿苔類植物，沒想到造就獨特美感，青苔反客為主，「苔寺」一名逐漸比西芳寺還響亮。

　　青苔猶如為庭園輕輕蓋上溫柔的綠毯，茶室、綠樹、紅楓、小橋、流水賦予不同視覺，茂林間偶爾灑下的光影，幫綠毯編織明與暗的變化圖案，巡遊庭園的心情相當沈靜放鬆，從來沒留意青苔也可以這麼美。

　　位處嵯峨野的愛宕念佛寺是另一個意外驚艷，最有趣的特色是擁有一千兩百尊的石雕羅漢像，當然，許多寺廟都有石雕羅漢，石雕不稀奇，一千兩百尊也不算多，但這裡的每一尊羅漢背後都有一個善意動機。

　　嵯峨野是京都觀光勝地，加上嵐山、渡月橋與周邊一帶的名寺古剎，可以參觀的景點非常多，而愛宕念佛寺位置偏遠，遊客罕至，相形之下相當寂寥，於是寺方發起捐石雕羅漢活動，請大家一起參與搶救寺廟大作戰。

　　一九八一到一九九一年之間，寺方陸續收到各地捐獻的石雕羅漢共計一千兩百尊，重新為寺院找到吸引遊客的特色，各方善心拯救了這一座偏遠小廟。

　　這些從日本各地送來的石雕羅漢，應該都帶有捐贈者的色彩吧！有各種豐富表情與可愛姿態，戴墨鏡的羅漢、打網球的羅漢、拳擊手羅漢、抱著狗狗的羅漢、捧著夏目漱石小說的羅漢、一對互相倒酒的羅漢、講悄悄話的羅漢……我玩味每一尊羅漢的模樣，他們也與我對話，彷彿正在調皮訴說「猜猜我是誰」。

↑　一千兩百尊石雕羅漢，各有個性表情。

西芳寺（苔寺）

🛕 京都市西京區松尾神之谷町56　☎ 075-391-3631
🕐 參觀時間依明信片回覆通知
🌐 tabinoshiori.web.fc2.com/kokedera.html
🚗 搭京都公車至苔寺，步行4分鐘

愛宕念佛寺

🛕 京都市右京區嵯峨鳥居本深谷町2-5
☎ 075-865-1231　🕐 8：00～17：00
🌐 www.otagiji.com
🚗 阪急「嵐山」站，轉乘京都公車「清瀧行」至
　「愛宕寺前」站

這樣 玩 京都

❀ 哲學之道

從銀閣寺到若王子橋之間的綠蔭小路，因為哲學家西田幾多經常在路上散步沉思，而被稱作「哲學之道」，全長兩公里，沿線水渠為琵琶湖疏水分流，染井吉野櫻夾道，每到春天就成了賞櫻勝地，美不勝收，沿途有許多禮品店、飲食店，隨時可鑽進去小歇。

〔哲學之道〕

⛩ 京都市左京區銀閣寺町
🚗 京都市公車「銀閣寺道」站，步行10分鐘

❀ 祇園

祇園位在八坂神社前，是京都繁華的第一花街，聚集傳統茶屋、歌舞伎劇場與古董店家，每到夜晚更是熱鬧，雖然一般遊客無緣造訪茶屋，但走在祇園最有機會與藝妓擦身而過。

每年七月八坂神社舉辦祇園祭，是京都三大祭典之一，穿著古裝的遊行隊伍與壯觀山車，熱鬧非凡。

〔祇園〕

⛩ 京都市東山區祇園　🌐 www.gion.or.jp
🚗 京阪電車「祇園四條」站，步行1分鐘；或阪急電車「河原町」站，步行5分鐘

❀ 錦市場

錦市場具有京都庶民色彩，被喻為「京都廚房」，上百家店鋪賣著漁獲、新鮮食材，各種京都特產也在列，比如醬菜、甜點等。

對遊客而言，錦市場是可以探索各種美食的好去處，除了店家提供的試吃之外，壽司、日式蛋捲、海鮮以及各類小吃都能大快朵頤。

〔錦市場〕

⛩ 京都市中京區錦小路通，寺町至高倉間
☎ 075-211-3882
🕐 8：00～18：00（各家營業時間與店休日不同）
🌐 www.kyoto-nishiki.or.jp
🚗 阪急電車京都線「烏丸」站

❀ 上賀茂神社手作市集

每個月第四個禮拜日，上賀茂神社外固定舉辦戶外手作市集，聚集大約兩百個小舖，擺售衣物、飾品、娃娃衣裳、木頭家具、陶器碗盤等各式各樣的手作雜貨，另外還有餅乾、蛋糕等手工零食。

除了可逛可買可吃，還可參拜上賀茂神社，或者到小河戲水，是一個適合親子同樂的假日市集。

〔上賀茂神社手作市集〕

⛩ 京都市北區上賀茂本山339，上賀茂神社外
☎ 075-864-6513
🕐 每月第四個周日9：00～16：00
🌐 www.kamigamo-tedukuriichi.com
🚗 搭京都公車4、46至「上賀茂神社前」站

❀ 渡月橋

　　渡月橋最初建於平安時代，相傳某位天皇在夜晚賞月，看到月亮從橋的一邊移動到另一邊而得名，是京都著名景點，周邊的嵐山地區為賞櫻、賞楓名勝，搭配優雅橋身的美景，最叫遊客著迷。

〔渡月橋〕

⛩ 京都市右京區嵯峨、西京區嵐山之間　📞 075-861-0012京都嵐山保勝會　🌐 www.arashiyamahoshokai.com
🚗 京福嵐山本線「嵐山」站，步行1分鐘

✤ 美山合掌造

　　如果時間充裕，不妨離開京都市區觀光人潮，搭巴士約一個鐘頭的車程造訪美山町合掌造，這個寧靜的聚落保有三十八座茅草屋頂的合掌造，純樸的山村風情有別於繁華的文化古都，可以暫時忘記千年歷史，停下腳步輕鬆一下。

〔美山合掌造〕

🛗 京都府南丹市美山町　☎ 0771-75-1906　🌐 www.miyamanavi.net

🚌 平日與周六建議：JR「京都」站出發，10：07搭嵯峨野線到JR「園部」站，10：46轉乘山陰本線到JR「日吉」站，11：00轉搭南丹市營公車「下佐佐江」站，11：19轉南丹市營公車到「かやぶきの里」站；周日和假日建議：JR「京都」站出發，9：00搭嵯峨野線到JR「園部」站，9：48轉乘山陰本線到JR「日吉」站，10：10轉乘南丹市營公車到「かやぶきの里」站

這樣 吃 京都

❀ 鞍馬牛若餅

　　造訪鞍馬寺，走出鞍馬站沒多久，會經過一家麻糬名店「多聞堂」，其中有一樣鞍馬名物「牛若餅」，取名自源義經的乳名「牛若丸」，牛若餅乍聽之下還以為是牛肉餅，其實是甜點，內餡為紅豆，咬起來有嚼勁。

〔多聞堂〕

🛗 京都市左京區鞍馬本町235　☎ 075-741-2045　🕐 9：30～16：30
🚗 叡山電車鞍馬線「鞍馬」站，步行3分鐘

❀ 貴船香魚茶泡飯

　　貴船神社鳥居附近的「鳥居茶屋」，招牌美食為香魚茶泡飯，白飯上鋪著香魚與海苔，淋上茶湯、拌入芥末，咬一口熬煮入味的香魚，再把飯與湯汁唏哩呼嚕大口吞，爽口美味又滿足。

　　鳥居茶屋夏天推出川床料理，在河面上打造涼席座位，客人可納涼吃料理，是夏季限定的高雅享受。

〔鳥居茶屋〕

🛗 京都市左京區鞍馬貴船町49　☎ 075-741-2231　🕐 11：30～18：00 周二店休，6至8月、11月無休
🌐 www.toriijaya.com　🚗 從貴船神社步行可達

這樣 買 京都

❀ 宇治茶

　　宇治是日本知名茶鄉，從車站走到平等院參道，兩旁全都是知名老茶行，包括「伊藤久右衛門」、「中村藤吉」等，選擇相當多，也有店家販賣茶香濃郁的

抹茶冰淇淋。

中村藤吉設有茗茶賣場，另有喫茶店，可坐下來品嘗抹茶蛋糕、羊羹、麵食，全都以自家茶葉為食材。本店在車站附近，平等院旁另有分店，窗口位置鄰近宇治川，可一邊喫茶一邊賞景。

〔中村藤吉平等院店〕

⛩ 京都府宇治市宇治蓮華5-1 　📞 0774-22-9500
🕐 平日11：00～17：00，假日11：00～17：30
🌐 www.tokichi.jp
🚗 JR奈良線「宇治」站，或京阪線「宇治」站，步行10分鐘

❊ 藝妓吸油面紙

在京都選購風雅的伴手禮，自然而然會想起那一張清秀素雅的女生臉孔，也就是藝妓（Yojiya）吸油面紙的形象包裝。藝妓吸油面紙源自於金箔打紙，由於觸感極好，深受女孩喜愛，另有護唇膏、護手霜等產品。

近年在祇園、銀閣寺、嵯峨嵐山陸續開幕 Yojiya咖啡館，抹茶咖啡以白色奶泡、綠色抹茶繪出藝妓臉孔，精緻得讓人捨不得喝掉，另有各種造型雅致的甜點。

〔よーじやカフェ（Yojiya）銀閣寺店〕

⛩ 京都市左京區鹿ヶ谷法然院町15 　📞 075-754-0010 　🕐 9：45～18：00 　🌐 www.yojiya.co.jp

跟著小鹿找大佛

我很喜歡奈良，比京都還要喜歡，
我可以說上好幾個喜歡奈良的理由，因為它的歷史比京都悠久，
有古老大佛，也因為它散發靜謐悠閒的氣息，
最重要的是，這裡能看到好多讓人哭笑不得的鹿，天天上演其他古都缺乏的趣味插曲。

奈良鹿，被喻為「神的使者」，西元七一〇年日本天皇遷都平城京，也就是今日的奈良市，傳說當時茨城縣鹿島神宮的神明武甕槌命，騎著一頭白鹿來到奈良春日大社，這也是奈良鹿的由來。

奈良公園目前約有一千兩百頭鹿，這些「神的使者」不當使者的時候，都在忙什麼呢？本以為牠們不外乎忙著「吃飯」與「等吃飯」兩件事，但在我跟著小鹿後面跟屁蟲般地觀察後發現，其實奈良鹿很不簡單，牠們的本事如下：

一、懂得認人：奈良鹿都懂得辨識誰是自己人、誰是外人，遇到自己人便乖的像小狗，靜靜站在仙貝攤位旁邊等待。

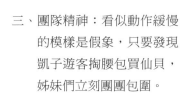

二、演技一流：看到善良的外地遊客，展開楚楚可憐的眼神攻勢，用深情的黑色瞳鈴眼迷得遊客心軟買仙貝。

三、團隊精神：看似動作緩慢的模樣是假象，只要發現凱子遊客掏腰包買仙貝，姊妹們立刻團團包圍。

四、討債功力：為了吃仙貝，小鹿們變身黑社會美眉，想逃？門都沒有！快拿仙貝來！

五、機會主義：老闆不在家，就自己動手吃自助餐吧！

← 鹿仙貝是給小鹿們特製的，原料只有
　米糠與小麥粉，不含糖分與油脂，我
　們吃起來一點兒都沒味道，小鹿可是
　百吃不膩呢！

↓ 秋天來臨，奈良鹿開始換上厚重皮毛
　準備過冬。

↑　或坐或站或仰頭，奈良鹿擺出各種怡然自得的姿態，是最佳外拍模特兒。

　　由於奈良鹿太貪吃了，擔心牠們吃壞肚子，奈良公園想出幾個對策，比方說：怕小鹿跑去吃垃圾食物傷了腸胃，所以公園裡不設垃圾桶，請遊客自行把垃圾帶回家；公共廁所增加圍籬，不是怕小鹿進去蹲馬桶，而是牠們亂吃衛生紙，部分廁所索性就不放衛生紙了；公園裡某些受小鹿青睞的樹種，得用鐵絲網包住樹幹，以免小鹿啃食樹皮，造成樹木枯死。

　　但是，貪吃不全然是壞事，奈良公園草皮不必花太多人力整理，有這些披著鹿皮的除草機就夠了，可以省下一筆錢，而且經常吃草，使得公園草皮看起來總是那麼鮮綠又整齊。

　　古人認為奈良鹿很神聖，加以嚴密保護，據說昔日若有鹿死在家門口，那戶人家就要倒大楣了，也因此奈良人特別早起，起床後趕緊跑到門口看看，若有死鹿趁早移到別人家，晚起的人就衰了……傳聞是否屬實不得而知，但當時確實把鹿的命看得很重要，即使非故意殺鹿也是會被判死刑。

從前福興寺有一位叫三作的小孩，在練習寫字時，突然鹿跑進來吃了半張紙，他在追趕鹿時向鹿丟了紙鎮，結果貪吃鹿一命嗚呼，三作被判處活埋及被投石的罰則，真的是有夠衰。

明治時期，奈良鹿的尊貴地位一度不保，逐漸不被保護，甚至戰爭時食物短缺，曾發生吃鹿的案例。

直到戰後，奈良鹿恢復神聖光環，數量也增加到一千兩百頭，被認定為天然紀念物，當地成立一般財團法人「奈良之鹿愛護會」，他們的任務包括疾病治療、死亡處理、為公鹿除角，每年五至七月是小鹿出生的高峰季節，必須隔離暴躁的懷孕母鹿以免與人衝突，小鹿出生後則舉辦公開見面會，等於是鹿的生老病死，奈良之鹿愛護會統統都要管。

不過奈良鹿畢竟是野生動物，偶爾發生踢撞等傷人事件，提醒遊客好好的與鹿和平相處，也是奈良之鹿愛護會的工作。

總而言之，奈良的鹿已經不只是鹿，牠們是奈良生活的一份子、奈良人的老朋友，對遊客而言，奈良鹿則是好地陪，也是絕佳的外拍模特兒。

一千三百年前，日本天皇在奈良建都，即使在七十多年後便遷都京都，奈良的古都魅力依舊不減，而且還多了份京都沒有的自在從容，被聯合國教科文組織列入世界遺產的東大寺、興福寺、春日大社，都位在奈良公園內，串連參觀這些世界遺產，等於遊逛奈良公園，又有小鹿相陪，所以說，你真的很難不喜歡奈良。

↑ 春日大社共有兩千座石燈籠，數量為日本之最。

← 東大寺大佛殿宏偉，但最初興建的規模更是現在1.5倍。

跟著奈良鹿的腳步，我拜訪「神的使者」最初來到的春日大社，沿著參道穿過數千個石燈籠，紅色建築在蒼翠古木間顯得非常艷麗，迴廊上掛滿信徒捐贈的吊燈，自古皇室貴族以及將軍都會到來此參拜，春日大社的尊貴由此可見。

　　再繼續跟著奈良鹿，來到東大寺參拜奈良另一個象徵——大佛，創建於西元八世紀，當時是一項傾盡國力的浩大工程，據記載共動員了兩百六十萬人，而當時日本才五百萬人口，等於全國半數人力投注在大佛。卻歷經兩次戰亂燒毀，目前大佛與大佛殿是三百多年前重建，雖然得到幕府資助，經費還是不足，只好縮小規模，正面寬度比初建時縮短27公尺，但依舊是目前世界最大的木造建築。

　　供奉在大佛殿的大佛，高15公尺，是世界最大的銅造佛像，據說佛頭上的髮螺，每個都像人的腦袋般大小。

　　大佛後方的柱上有個洞，被稱作「大佛的鼻孔」，洞口尺寸如同大佛的鼻孔，據說如果穿過大鼻孔，代表受到大佛保佑平安，也能藉此感受大佛之大，只不過鑽的時候好有壓力，因為鼻孔前大排長龍，大家盯著你鑽進鼻孔，若鑽不出來，可就糗大了，趕緊拜託大佛打個噴涕吧！

〔東大寺〕

⛩ 奈良縣奈良市雜司町406-1　📞 0742-22-5511
🕐 11月至2月8：00～16：30，3月8：00～17：00，4月至9月7：30～17：30，10月7：30～17：00
🌐 www.todaiji.or.jp
🚗 JR「奈良」站或近鐵「奈良」站，步行20至25分鐘；或轉搭市內循環公車至「大佛殿春日大社前」站，步行5分鐘

〔春日大社〕

⛩ 奈良縣奈良市春日野町160　📞 0742-22-7788　🕐 4月至9月6：00～18：00，10月至3月6：30～17：00
🌐 www.kasugataisha.or.jp　🚗 搭市內循環公車至「春日大社表參道」站，步行10分鐘

↑　鑽出來了沒？鑽過此洞就能得到大佛的祝福。
←　奈良大佛造型仿效中國洛陽龍門石窟大佛，右手勢表示「不要害怕」，左手勢「幫大家實現願望」。

這樣 玩 奈良 📷

✤ 奈良町

　　奈良市古色古香的老街「奈良町」，過去屬於元興寺的舊境內，逐漸發展成商業街道。

　　懷舊街道兩旁木造老房子，有的開了餐館或咖啡館，或者成了生活雜貨小舖，老街常有貓咪出沒，有些店鋪就以貓為主題，擺售各式各樣貓的工藝品，偶爾鑽進巷弄小探險，是一處可以悠哉散步的歷史街區。

〔奈良町〕

⛩ 近鐵奈良站旁
🚗 近鐵「奈良」站旁、JR「奈良」站的東南方

✤ 元興寺

　　元興寺建於西元八世紀，原本規模甚大，今日的奈良町就是大伽藍遺址所在地，在奈良時代與東大寺、興福寺同屬大型寺院，可惜於十五世紀和十九世紀兩次遭火侵襲，只剩下極樂堂、禪室與東大塔、西小塔跡，寺

院內遍佈上千尊石佛與石塔。

　　值得留意的是，極樂堂、禪室的屋瓦為創建當時的瓦，由百濟國王派工匠前來燒製，赤褐色、黑色的瓦屬於飛鳥時代，白瓦為奈良時代，灰色是昭和時代。

〔元興寺〕

⛩ 奈良市中院町11　📞 0742-23-1377
🕘 9：00～17：00　🌐 www.gangoji.or.jp
🚗 近鐵「奈良」站，步行15分鐘；或轉搭市區循環公車至「福智院町」站，步行5分鐘

✤ 興福寺

　　興福寺同樣建於西元八世紀，東金堂、北圓堂、三重塔、五重塔皆是國寶，尤其是五重塔深受人們喜愛，高50.1公尺，是日本第二高古塔，僅

次於京都東寺五重塔。

　五十多年前興建了國寶館，館內典藏著名的阿修羅像，以及丈六釋迦頭像、佛像群、繪畫、工藝品與歷史資料等珍貴文物，讓遊客可以近距離欣賞珍貴的佛像。

〔興福寺〕

🛕 奈良市登大路町48　📞 0742-22-7755
🕐 9：00～17：00　🌐 www.kohfukuji.com
🚌 近鐵「奈良」站，步行5分鐘

❈ 石舞台

　若時間充裕，可以走出奈良市探訪更古老的「飛鳥」，飛鳥是飛鳥時代（西元五九二至七一〇年）的首都，是當時的文化與政治中心，日本最古老文學作品《萬葉集》紀錄的正是飛鳥四季美景，西元七一〇年天皇才將首都遷到奈良市。

　今日的飛鳥地區處處可以發現當時皇室貴族的古墳與遺址，被稱作「石舞台」，利用大大小小三十塊堅硬花崗岩所建成，石塊總重量達2300公噸，在荒野中顯得相當突出，搭配周邊田園景致另有一番蒼涼美感。

〔石舞台〕

🛕 奈良縣高市郡明日香村
📞 0744-54-4577明日香地域振興公社
🕐 8：30～17：00　🌐 www.asukadeasobo.jp
🚌 近鐵「橿原神宮前」站或「飛鳥」站，轉明日香周遊公車至「石舞台」站，步行3分鐘

❊ 飛鳥寺

到飛鳥地區旅遊，不能錯過到「飛鳥寺」觀賞飛鳥大佛，建於西元五九六年，現今規模不大，但是西元一一九六年火災焚毀前的佛寺規模，比現在被列為世界遺產的法隆寺大三倍。

飛鳥寺供奉日本最古老的大佛，比奈良東大寺的大佛「資深」一百四十三歲，曾經飽受祝融等劫難，直到一八二六年才完成修復，仔細端倪大佛的臉，還看得到被火紋身的痕跡。

〔飛鳥寺〕

🛐 奈良縣高市郡明日香村大字飛鳥682　☎ 0744-54-2126
🕐 4月至9月9：00～17：30，10月至3月 9：00～17：00
🚗 近鐵「橿原神宮前」站，轉明日香周遊公車至「飛鳥大佛前」站

這樣 吃 奈良

❊ 柿葉壽司

柿葉壽司是奈良最具代表性的平民美食，自古為了保存海鮮，醃製魚肉放在醋飯上，以具有殺菌效果的柿葉包裹，有鮭魚、鯖魚、鯛魚等各種口味，不僅美味且充滿古人智慧。

創業於1861年的平宗，是柿葉壽司名店之一，可在店面品嘗或外帶到奈良公園野餐。

〔平宗柿葉壽司奈良店〕

🛐 奈良市今御門町30-1　☎ 0742-22-0866　🕐 10：00～20：30周一店休　🌐 www.hiraso.jp

✿ 貓咪和菓子

奈良和菓子老鋪很
多，今年創業50週年的
「和洋御菓子司とらや」
算是年輕店家，位在興福寺附近，推出可愛的貓咪和菓子造成話題，有貓臉與貓
手兩款，肥嘟嘟的造型讓人忍不住掏腰包，是奈良近年走紅的和菓子店。

〔和洋御菓子司とらや〕

⛩ 奈良市鶴福院町31　☎ 0742-22-3353　🕐 9：00～20：30

這樣 買 奈良

✿ 奈良蚊帳

歷史悠久的奈良，擁有大量國寶級藝術，也
因此代代相傳精湛工藝美術，並有許多考究的生
活用品老鋪，是實用兼具美觀的伴手禮，比方說近年流行的奈良蚊帳，由於綿織
品吸水性強、觸感好，用途轉變為家事布（抹布），成為奈良代表特產，創立於
一七一六年「中川政七商店」，開發許多可愛時髦圖案受到女性喜愛。

〔中川政七商店本店〕

⛩ 奈良市元林院町31　☎ 0742-22-1322　🕐 10：00～18：30　🌐 www.yu-nakagawa.co.jp/top/

✿ 小鹿與大佛周邊商品

小鹿與大佛是奈良兩大特色，從車站、參道到商
店街，小鹿與大佛周邊商品無所不在，吃的餅乾糖
果、身上的衣服、背包以及各種手機吊飾，全都是小
鹿與大佛圖案，可愛又有創意，不小心就會買太多。

| 和歌山縣 | 高野山奧之院 |

墓仔埔也敢去

我對世界各地的墓仔埔情有獨鍾，因為墓仔埔是情感、是文化，甚至是世界遺產，
這麼說一點都不誇張，耶路撒冷猶太墓碑擺滿小石子，代表對死者的思念；
瑞士策馬特的山難者墓園，以冰斧為碑令人心碎；為愛妻而建的印度泰姬瑪哈陵，
是世上最美麗的墳；而在日本，就是埋葬戰國人物的高野山最叫我念念不忘。

對日本人而言，即使沒死在高野山，最好也能埋在高野山；即使沒埋在高野
山，也要用墓碑佔得一席之地，用盡一切心機，都是希望能與空海大師
「靠近一點，再靠近一點」。

高野山位在日本和歌山縣，西元八一六年高僧空海（謚號弘法大師），自大
唐留學歸來，創建密教真言宗總本山金剛峰寺，成為日本最重要的佛教山頭之
一，二〇一五年正好是高野山開創滿一千兩百年。

↑　空海大師創建的金剛峰寺，是真言宗總本山，在日本佛教界地位崇高。

　　所謂高野山，其實不是山，它是金剛峰寺的山號，也是區域總稱。高野山被海拔約1000公尺的群山包圍，有上百間寺院群，整個高野山彷彿遺世獨立的宗教之城，地位最高的地方就是金剛峰寺，以及空海大師的奧之院御廟，二〇〇四年納入「紀伊山地的聖地與參拜道」列為世界遺產。

　　日本人相信，空海大師是彌勒佛化身，將在五十六億七千萬年後創建彌勒淨土，所以千百年以來，日本人最大願望就是葬在奧之院週邊，與空海大師當鄰居，屆時可以就近與大師一起前往淨土，因此造就了全日本最大的墳墓群。

　　這些墳墓群與一般墓仔埔不同，除了少數當地僧侶能夠真的埋骨在此，其他大多是衣冠塚，或者埋頭髮、一小塊骨頭以及象徵性物品，真正的屍骨留在家鄉方便後人祭拜，所以走在古木參天的奧之院，猶如散步享受森林浴，沒有陰氣森森，反而具有文化探訪的樂趣。

　　走進這個墓仔埔，彷彿閱讀日本歷史，織田信長、豐臣秀吉、德川家康等戰國大咖全都到齊；「忠臣藏」故事裡的淺野內匠頭與四十七位忠臣，墓所也同在一起；「加賀百萬石」的前田家、「篤姬」故鄉的薩摩島津家，統統來奧之院報到。

↑　奧之院參道整整兩公里的路途中，擠滿墳墓、祭靈塔與供養塔，可能有數十萬座，也或許達百萬座，由於實在太多了，真實數字難以統計。

↑ 所有大河劇或是戰國小説的名人武將，名字都出現在這兩公里的參道上。

生命有限，對於死亡一事我沒有太多嘆息，但是看著這些在歷史洪流名垂千古的人物，最終聚集在這段兩公里之路，我心中有無限感慨。

例如較勁一輩子、打得你死我活的武田信玄、上杉謙信，最後一起搬進奧之院，兩人距離並不遙遠；織田信長與他的背叛者明智光秀，供養塔也同在奧之院，生前是宿敵，死後當鄰居，這種殊途同歸的感覺真奇妙。

值得一提的是，高野山名人墓所曾經獨漏了織田信長，大家都覺得不可思議，畢竟他影響日本歷史甚鉅，學者專家努力找尋，三十多年前終於在小角落發現織田信長，祭靈塔上的字跡幾乎看不清了。

我看著眼前的織田信長，想起他死前唱著「人生五十年，與天地長久相較，如夢又似幻，一度得生者，豈有不滅者乎」，曾經叱吒風雲的織田信長，以這個小小墓所作為人生結尾，豈不呼應了這首歌？

在奧之院偶爾可看到賣地的看板，寫著「想埋此的話，可以洽談」，有權有勢的人，葬在這裡當然不難，然而不僅有錢人想接近空海大師，窮人也想沾到邊，於是有些人暗著來，偷偷把墓碑放置於墳墓群中，有的甚至只丟了一根墓園石柱，就算象徵性的埋在高野山了。

久而久之，高野山形成怪異景象，一個墓地上旁邊堆疊了數十個墓碑或石柱，看似雜亂無章，其實就是「有錢沒錢都想成佛」的虔誠心意。

高野山整個龐大壯觀的墳墓群，都立在奧之院參道上，參道盡頭就是空海大師的御廟，供奉著他的肉身，西元八三五年空海在此跏趺坐禪、證入涅槃。

日本人相信偉大的空海從未離開人世，至今依然生活在這裡，在奧之院石窟為世間祈福冥想，所以每天兩次照常為他送飯；廟方也提醒遊客，通過御廟橋要將頭垂下，並合起雙掌，因為空海大師將在橋的對面現身相迎。

離開奧之院別急著下山，可以投宿在寺廟宿坊感受日本宗教文化。高野山擁有近一百二十間寺院，半數都能住宿，每間廟的體驗大同小異，沒有電視看、沒有女將招呼接待、沒有餐館吃宵夜，要跟著和尚打坐、寫經、吃齋、禮佛。

　　當晚投宿在「惠光院」，庭園雅緻、和室乾淨，精進料理（蔬食）味道不錯，吃得好住得好，只是很忙，廟裡的和尚一會兒叫客人去打坐，一會兒叫下樓吃飯，吃飽後要乖乖回房間抄寫心經，大清早起床，六點跟著和尚念經禮佛，然後才有早餐吃，修行確實是一件很辛苦的事。

〔高野山奧之院〕

⛩ 和歌山縣伊都郡高野町高野山　☎ 0736-56-2616高野山觀光協會　🕘 9：00～16：00
🌐 www.shukubo.net／高野山宿坊網站www.shukubo.jp
🚗 從南海電鐵高野山線「極樂橋」站，轉登山電車至「高野山」站

1	2		
3	4	5	6

1　在高野山寺院可體驗護摩火供等宗教文化。
2　奧之院參道旁的地藏菩薩。
3　惠光院環境清幽。
4　寺廟宿坊提供精進料理。
5　下榻宿坊清晨要起床禮佛。
6　為佛像淋水祈求保佑。

這樣 玩 和歌山 📷

❋ 熊野

　　包含在「紀伊山地的聖地和朝拜道」世界遺產內的熊野，自古被認為是淨土，總稱「熊野三山」的熊野本宮大社、熊野速玉大社、熊野那智大社等三座神社，千年來朝聖者不斷，連接熊野三山的參拜道便是「熊野古道」。

　　熊野不僅是神祕的聖地，搶眼的宗教建築與自然美景也是一大特色，黑色莊嚴的熊野本宮大社，紅色艷麗的青岸渡寺三重塔，以及日本三大著名瀑布之一的那智瀑布，沿途景觀美不勝收。

〔熊野本宮大社〕

🕱 和歌山縣田邊市本宮町本宮　　☎ 0735-42-0009　　🕐 8：00～17：00　　🌐 www.hongutaisha.jp
🚗 JR「紀伊田邊」站，轉乘龍神公車熊野本宮線至「本宮大社前」站

〔青岸渡寺〕

🕱 和歌山縣東牟婁郡那智勝浦町那智山8　　☎ 0735-55-0001　　🕐 8：00～16：00（三重塔）
🌐 www.nachikan.jp/kumano/seigantoji/　　🚗 JR「新宮」站，轉乘熊野公車至「神社寺前」站

❈ 白濱溫泉

白濱溫泉與道後溫泉、有馬溫泉並列日本三大最古老溫泉，在日本著名古詩集《萬葉集》內已有記載，每年有三百五十萬遊客造訪，溫泉旅館多達九十多家，是日本屈指可數的溫泉鄉。

白濱溫泉業者創意十足，例如梅樽溫泉，把醃漬紀州梅的木桶變成了浴池，五個梅子桶在海邊一字排開，大家各自泡一桶，那畫面很有意思。

〔南紀白濱梅樽溫泉飯店〕

🎎 和歌山縣西牟婁郡白濱町1821　📞 0739-43-1000
🌐 www.seamore.co.jp
🚙 JR「白濱」站轉免費接駁公車13：30～17：30
　　每小時一班

❈ 川湯溫泉

泡湯客腳踩木屐喀喀喀的走著，是溫泉街上理所當然的一景，可是在和歌山本宮地區的川湯溫泉，街上沒有喀喀聲，因為泡湯客腳上穿的是塑

膠防滑拖鞋，才方便走去河裡泡湯。

川湯溫泉位於熊野川支流大塔川畔，往下挖30公分就有溫泉湧出，每年秋冬水位下降，當地人在河床上築壩圍成一個很大的露天浴池，可容納一千人泡湯，日語千人與仙人同音，所以稱為「仙人風呂」，這種泡湯野趣只有十二月到隔年二月季節限定。

〔川湯溫泉富士屋〕

🎎 和歌山縣田邊市本宮町川湯1452
📞 0735-42-0007　🌐 www.fuziya.co.jp
🚙 JR「紀伊田邊」站，轉乘龍神公車至「ふじや前」（富士屋前）站

❀ 勝浦溫泉

　　勝浦溫泉是日本少數位於小島上的溫泉，必須從勝浦漁港搭船才能抵達，中之島是其中一家溫泉飯店，總共有六個浴池，最棒的是「潮聞之湯」，浴池離海岸很近，當大浪拍打海岸時，感覺浪濤直衝腳下，彷彿置身在大海泡溫泉，這片海灣因為美如日本三大景之一的松島，而被稱作「紀之松島」。

〔南紀勝浦溫泉中之島飯店〕

🛏 和歌山縣東牟婁郡那智勝浦町大字勝浦1179-9
☎ 0735-52-1111　🌐 www.hotel-nakanoshima.jp
🚗 JR「紀伊勝浦」站，步行7分鐘至碼頭搭船

❀ 勝浦漁港

　　和歌山縣南端的勝浦漁港，是西日本捕撈量第一的黑鮪漁港，大清早就能感受到漁港活力，欣賞大魚排排站的豐收景象，工作人員先切斷魚尾，方便想競標的店家查看魚肉油脂分布，再決定要花多少錢來買下。

　　體驗漁獲競標拍賣的緊張氣氛之後，不妨就近用餐，漁港附近有許多壽司店和黑鮪魚料理店，新鮮度沒話說。

〔勝浦漁港〕

🛏 和歌山縣那智勝浦町築地7-8-2
☎ 0735-52-0951參觀魚市場需事先申請
🌐 www.marinesoft.sakura.ne.jp
🚗 JR「紀伊勝浦站」，步行3分鐘

這樣 吃 和歌山

❀ 九繪魚

九繪（雲紋石斑）是一種醜醜的魚，卻是魚中的夢中情人，和歌山人認為九繪滋味更勝河豚，以夢幻魚或虛幻魚稱之，棲息在紀伊半島外圍的黑潮海域，不易捕捉而量少，直到最近以人工養殖，價格才親民一點，在白濱溫泉區的旅館與餐廳可品嘗到九繪料理。

除了骨頭之外，整條九繪都能吃，肉嫩味鮮，富含膠質，適合做各種料理，火鍋、生魚片、天婦羅都可以，冬天油脂多最好吃，把烤過的魚皮放進溫清酒，更是香氣逼人。

❀ 熊野牛

神戶牛、米澤牛、飛驒牛、松阪牛，只要冠上地名的牛肉，似乎就是好吃的保證，在和歌山也有縣產高級黑毛和牛，稱為「熊野牛」，雖然名氣沒有其他牛肉響叮噹，但美味也是傳百里。

品嘗熊野牛可享用涮涮鍋，在熱鍋裡涮一涮，沾醬送入口中，根本不用費力咀嚼，另外可選擇壽喜燒或牛排吃法。

這樣 買 和歌山

❉ 備長炭

備長炭的故鄉在和歌山縣田邊市，江戶時代一位「備中屋長左衛門」開始製作而得名，特色在於使用馬目堅樹種，燒到800至1300度之間，並且連燒十多天，最後硬度能達到15至20之間，丟進水中會沉下去，與一般密度低的木炭浮起不同。

備長炭除了居家除濕、淨化水質、冰箱除臭等用途外，也因為硬度高、敲起來聲音清脆，經常被用來當成風鈴或做成木炭琴。在「紀州備長炭發見館」可以學到各種木炭知識，還可選購備長炭，或者DIY備長炭風鈴。

〔紀州備長炭發見館〕

🎐 和歌山縣田邊市秋津川1491-1
📞 0739-36-0226　🕐 9：00～17：00
🌐 www.city.tanabe.lg.jp/sanson/binchou/hakken.html
🚗 JR「紀伊田邊」站，轉乘龍神公車至「紀州備長炭紀念公園」站

❉ 紀州梅

日本人帶便當喜歡放顆梅乾，既開胃又有防腐效果，而梅乾中，以和歌山縣的紀州梅品質好，不但個子大，果肉也相當厚實，尤其是全日本梅子產量第一的南高梅梅乾和青梅酒更是出色。

台灣人習慣把梅子用來作蜜餞零食，摘採六分熟的青梅做成脆梅，而和歌山製作梅乾不必採，等梅子熟透自然掉下來，再以鹽巴醃漬，最後變成又酸又鹹的梅乾，在和歌山許多特產店都買得到紀州梅。

伍│中國

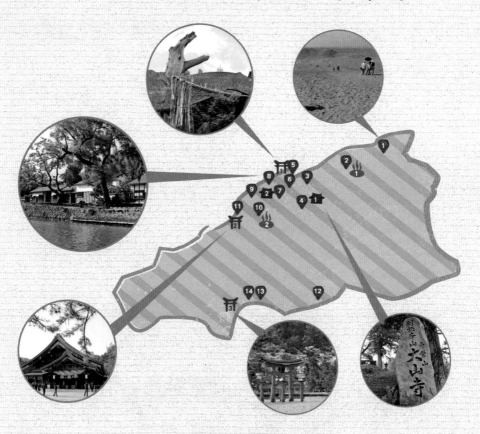

鳥居圖示 ① 鳥取妖怪神社　② 出雲大社　③ 嚴島神社

寺廟圖示 ① 大山寺　② 月照寺

地點圖示 ① 鳥取砂丘　② 鳥取二十世紀梨記念館　③ 妻木晚田遺址　④ 鳥取花迴廊
⑤ 水木茂紀念館　⑥ 江島大橋　⑦ 松江城　⑧ 堀川遊覽船　⑨ 松江貓頭鷹公園
⑩ 出雲勾玉之里傳承館　⑪ 古代出雲歷史博物館　⑫ 尾道單車租借站（尾道站前港灣停車場）
⑬ 廣島燒村　⑭ 原爆和平紀念館

溫泉圖示 ① 三朝溫泉　② 玉造溫泉

八百萬神明的會議假期

近年來公司行號流行起會議假期,也就是開會兼渡假,
找個渡假村讓員工放鬆心情聚在一起談公事,又有獎勵旅遊的效果,
但是此舉並非現代大老闆的創意,日本神明界早在千年前就這麼做了!

日本人把十月稱為「神無月」,各地的神明都不在家,跑到出雲大社來開會了,會議主題是如何讓人們幸福,出席神明共有八百萬之多;相反地,同一時間只有出雲當地稱「神有月」。

出雲大社是日本最古老的神社,位在島根縣,根據神話,大國主神完成造國之後,將國土讓給天照大神(日本天皇始祖、神道最高神祇),天照大神很感激,於是為大國主神建造了規模龐大的宮殿,也就是日後的出雲大社。

兩神也做了約定，天照大神從此掌管眼睛看得到的物質世界，而大國主神管理看不到的精神世界，也就是人們的運勢與姻緣。

　　於是大國主神成了結緣之神，如同我們熟悉的月下老人，專長是幫有緣男女牽線，每年十月，大國主神號召全日本神明同來出雲大社，一起決定如何男生女生配，讓不同身分的兩人有機會認識，或者讓個性南轅北轍的兩人彼此來電。八百萬位神明聚集一堂，搶麥克風或爭上台發言，那場面想必亂哄哄，身為大會主席的大國主神一定要很罩才行。

　　由於祈求良緣靈驗，出雲大社在日本人氣居高不下，尤其二〇一三年完成六十年一度的遷宮之後，日本人認為神明搬回來更加靈驗，一時之間湧進許多參拜人潮，這道理就像我們家裡重新裝潢，搬回來後心情好，工作起來特別有幹勁吧？大國主神在燈光美、氣氛佳的新環境，配對姻緣相信能更圓滿。

　　或許大國主神的牽線功力真的增強了，二〇一五年日本皇室便傳出好消息，典子公主出嫁了，對象是出雲大社宮司之子，兩人在出雲大社完成日式傳統婚禮。

　　駙馬爺的家族歷代擔任出雲大社神職，宮司為日本神社的最高神官，兩人也是在出雲大社相識結緣，皇室喜訊的效應，想必又會帶來一窩蜂求姻緣的人潮。

　　出雲大社地位崇高，建築與參拜方式也要高人一等。遠遠走來，就見到全日本最大的鳥居，走進神社裡，有規模宏大的古殿社建築，本殿按照日本最古老的神社風格「大社教神社樣式」而建造；參拜程序也極有特色，「二拜、四拍手、一拜」，比一般神社硬是多了兩次拍掌。

1　2　3

1　出雲大社每六十年遷宮一次，最近一次為二〇一三年。
2　大國主神如月老，掌管人們的姻緣。
3　每年十月，全日本八百萬神明都來出雲大社開會。

1
2　3

1　出雲大社是日本最古老的神社，地位崇高。
2　十三世紀的宇豆柱出土後，增加古代出雲大社的可能性。
3　日本最大的注連繩重達5噸。

　　有趣的是，本殿旁邊設有東十九社及西十九社，其實就是兩排陰涼的長廊，好讓各地參加會議的眾神明在此休息住宿。這場神明的會議假期，時間、地點、主旨、開會人數以及住宿地點都俱足了，一點都不馬虎。

　　多年前我初次造訪出雲大社，印象最深刻的是日本第一大的注連繩，用稻草編織成的巨大繩子，長13公尺、寬9公尺、重達5噸，光是站在下方就覺得魄力十足，好多遊客跳啊跳的，對著注連繩丟銅板，大家相信把五元（日文發音類似「御緣」）往大繩丟，如果能塞進繩縫不掉下來，表示神明答應你的請求，將有好緣份出現。

　　去年再度造訪，帶路的朋友卻搖搖手說：千萬不要再這麼做了。原來注連繩丟錢幣並非傳統習俗，是某個藝人在電視上亂講的，沒想到以訛傳訛，很多遊客跟著做，造成注連繩塞了太多錢幣而損壞。

　　於是在二○一三年遷宮同年，出雲大社決定禁止此舉，聲明朝繩子丟錢是對神明不敬的行為，並加裝鐵網保護注連繩。所以下回來出雲大社，可別手癢冒犯神明了。

出雲是日本神話的誕生地，許多事情都是未解之謎，就連古代出雲大社建築比現在更宏偉的傳說，過去認為反正神話聽聽就好，對真相也沒太認真追查，參拜者只要求姻緣順利就滿意了。

直到二〇〇〇年出雲大社院落挖掘出十三世紀的柱子，提高了傳說的可信度。

這根古老的「宇豆柱」，推測是支撐本殿的頂梁柱，三根直徑1.3公尺的木柱捆為一組，每組直徑達3公尺，等於是一根柱子就有八帖榻榻米大。學者以柱子估算，認為古代出雲大社高達48公尺，等於現代十六層大樓之高，可以說是古代日本的101大樓。

宇豆柱目前展示在出雲大社旁的「古代出雲歷史博物館」，館內還有超高神殿縮尺十分之一的復原模型，以及大量的銅劍、銅鐸等祭祀道具，原本只是眾神之國的神話，有了這些出土文物佐證，更讓人覺得出雲大社確實很神氣。

離開出雲當下，陽光正好從雲層探出頭來，遠方山嵐輕輕飄過，這光景好吻合「出雲」的脫俗意境，難怪神明們每年都乖乖按時報到，在這清新美景中開會兼渡假，工作福利還不錯！

〔出雲大社〕

🜨 島根縣出雲市大社町杵築東195　☎ 0853-53-3100　🕐 6：30～20：00　🌐 www.izumooyashiro.or.jp
🚗 一畑電鐵「出雲大社前」站，步行5分鐘

〔島根縣古代出雲歷史博物館〕

🜨 島根縣出雲市大社町杵築東99番地4
🕐 0853-53-8600／3至10月9：00～18：00，11至2月9：00～17：00（最終入館為閉館前30分鐘）
🌐 www.izm.ed.jp　🚗 從出雲大社步行可達

↑　日本神話中的因幡兔，曾幫助大國主神促成良緣。

←　出雲大社祈求姻緣靈驗，求籤的參拜者相當多。

這樣 玩 島根

❈ 松江城

　　建於一六一一年的松江城，是日本僅存十二座古老天守閣之一，三角屋頂稱為千鳥破風，因此別名「千鳥城」，為了軍事需要，天守閣結構複雜，從外面看為五層，裡面有六層，地下水井以備固守城池時使用，內部有投石口、槍眼，雖然裝備齊全，但松江城從未經歷戰爭。

　　松江城最頂樓可眺望市區與宍道湖美景，舊城址現在為城山公園，是日本櫻花名所百選之一。

〔松江城〕

⛩ 島根縣松江市殿町1-5　☎ 0852-21-4030　🕐 4至9月7：00～19：30，10至3月8：30～17：00
🌐 www.matsue-tourism.or.jp　🚌 JR「松江」站，轉松江循環公車至「松江城（大手前）」站

✿ 堀川遊覽船

　　遊覽松江市最風雅也最輕
鬆的方式，便是搭遊船順著堀
川輕鬆逛。堀川是松江城護城
河，順著河道時而穿梭民居，
時而鑽過樹林，沿岸景物從
現代街道、大正時代的厚實建
築，再經過江戶時代武家屋
敷、松江城，等於把松江歷史
瀏覽一圈。

　　偶爾經過比較低的橋墩，船夫必須降下船頂才過得去，遊客只好跟著彎下
腰；過了這個橋，下一個橋墩更低，遊客必須彎更低；再過去，又更低了，最後
只得躺下才過得了關，遊客都躺得哈哈大笑。

〔堀川遊覽船〕

⛩ 島根縣松江黑田町507-1　📞 0852-27-0417
🕘 9：00～17：00，7至8月9：00～18：00，10月11日至11月底9：00～16：00，15分一班
🌐 www.matsue-horikawameguri.jp　🚌 搭松江循環公車至「堀川遊覽船乘場」站

✿ 松江貓頭鷹公園

　　松江貓頭鷹公園擁有世界上最大的溫室花房，以海
棠花最具特色，一年四季都能欣賞燦爛的紫紅色海棠。

　　小朋友最喜歡來此欣賞貓頭鷹表演，訓練員用哨子
指揮，貓頭鷹揮動大大的翅膀從觀眾頭上飛過，新奇又
刺激。此外還可以到水鳥區、熱帶鳥類區親近鳥兒，或
者與企鵝一同散步，人與鳥之間的趣味互動，大大對顛
覆鳥園的印象。

〔松江貓頭鷹公園〕

⛩ 島根縣松江市大垣町52　📞 0852-88-9800
🕘 4至9月9：00～17：30，10至3月9：00～17：00（最終入場為閉園前45分鐘）
🌐 www.vogel.jp　🚌 一畑電鐵「松江貓頭鷹花園」站，步行1分鐘

❋ 玉造溫泉

相傳玉造溫泉由兩位建造日本的神仙所發現，又稱「神湯」，是日本最古老的溫泉，古書「出雲國風土記」記載「泡此湯一次可使容貌變端正，再次泡湯則百病皆除」，具有美肌效果，自古備受貴族青睞，現代愛美女性也趨之若鶩。夜晚沿著玉湯川散步，坐在河邊享受足湯，夏天夜晚河畔點上千盞蠟燭，泡腳同時欣賞燭光點點，非常詩情畫意。

〔玉造溫泉〕

🏯 島根縣松江市玉湯町玉造　📞 0852-62-0634玉造溫泉旅館組合　🌐 www.tamayado.com
🚗 JR「玉造溫泉」站，轉一畑公車玉造線至「溫泉上」站

這樣 吃 島根

❋ 月照寺飲茶

月照寺是松江藩主松平家的菩提寺，散發幽靜素雅的氣息，寺內有三萬朵紫陽花聞名全日本，故又名「紫陽花寺」，盛開期為六月中旬至七月中旬。

松江藩第七代藩主松平治鄉（人稱「不昧公」）是著名的茶道家，對茶道很有研究，自創一門流派，所以松江飲茶文化相當盛行，遊客可以坐在月照寺幽靜長廊下，欣賞優雅的庭園，喝著以名水沖泡的抹茶，搭配和菓子，感受松江文化氛圍。

〔月照寺〕

🏯 島根縣松江市外中原町179　📞 0852-21-6056　🕐 4月至10月 8：30～17：30，11月至3月 8：30～17：00
🌐 www.shinbutsu.jp　🚗 松江循環公車「月照寺前」站

❋ 宍道湖蜆料理

宍道湖為日本第七大湖，周長 47 公里，以夕陽美景著稱，沿湖周遭有單車道，一邊是湖光水色，另一邊是綠地野花或田野鄉村，騎乘起來相當舒適。

由於與中海相通，宍道湖為半鹹湖，魚貝豐富，白魚、鱸魚、鰻魚等合稱「宍道湖七珍」，其中以蜆最著名，漁夫清晨撈補蜆貝的畫面也是湖景之一，在宍道畔可以找間餐廳品嚐蜆肉料理。

這樣 買 島根

❋ 出雲勾玉之里傳承館

出雲型勾玉是日本古代的飾品，據說形狀具有除厄的神祕力量，在「出雲勾玉之里傳承館」可嘗試親手製作，選擇喜歡的蠟石磨出形狀，上蠟後再搭配珠子與鍊子即完成。

館內也販售各種漂亮的勾玉飾品，可選購當護身符，配戴的時候，記得勾勾要朝向自己的右手邊，才能勾住好運。

〔出雲勾玉之里傳承館〕

🚻 島根縣松江市玉湯町湯町1755-1　☎ 0852-62-2288
🕐 8：00～17：30　🌐 www.magatama-sato.com
🚗 玉造溫泉站有免費接駁服務，需預約

©Mizuki Productions

©Mizuki Productions

| 鳥取縣 | 境港市妖怪神社 |

闖進妖怪世界

見鬼了！說是神社，卻是妖氣沖天，
整間神社都是妖魔鬼怪，妖氣還蔓延大街鬼影幢幢，
這間妖怪神社究竟是給人參拜的？還是讓妖怪搗蛋的？

鳥取縣境港市是日本妖怪漫畫祖師爺水木茂的故鄉，最有名的作品就是「鬼太郎」，這個穿著背心、腳踏木屐，只露出一隻眼睛的詭異男孩，從一九五九年開始歷久不衰的人氣（或者說是「妖氣」），讓境港人好驕傲，於是把平凡的漁港變成了妖怪世界，好讓人類來此開心的搞鬼。

闖進妖怪世界要用特別方式，來到米子車站搭乘鬼太郎列車，從進入車站那一刻起就令人瘋狂，車站裡已經跟人類世界不太一樣，到處都是妖怪圖案，商店架上全都變成妖怪商品，想喝飲料嗎？有妖怪咖啡、貓女果汁；肚子餓嗎？可以買點眼珠麻糬來嘗嘗，要買報紙的話，到角落找鼠男就是了。

　　車廂內也全是妖怪，一路陪伴人類抵達境港，不知不覺中，如果你發現了沿途的車站已經被改成妖怪站名，牛鬼站、木棉妖站……妖氣越來越強烈，那麼恭喜你了，歡迎來到妖怪世界。

　　抵達了妖怪大本營－境港，走出車站眼前就是「水木茂之路」，滿街都是活靈活現的妖怪銅像，每走幾步就會遇到一個妖怪，總共有一百五十三尊妖怪。

　　逛這條妖氣瀰漫的水木茂之路很忙碌，因為看到妖怪都想靠近欣賞一下，走到商店都好奇想進去逛一下，擺售妖怪麵包的烘焙店、以木棉妖當理髮師的美容店、直接拿雨傘怪當做傘桶的商店、專賣妖怪系列的書店、專賣鬼太郎招牌武器的木屐店，沿途許多妖怪印章又是非蓋不可，接著還遇見鬼太郎、貓女在光天化日之下逛大街，我被這些妖怪鬧得沒有一刻得閒。

　　座落在水木茂大道中心位置，有一座二〇〇〇年才創立的妖怪神社，想穿過鳥居，盤據在上頭的是木棉妖；想洗手，要找眼珠老爹的淨手池；二鞠躬、二拍手、再一鞠躬之後，去摸摸黑御影石與老欅木組合的御神體，感覺頗詭異，這間神社到底是給誰參拜的啊？

1

2　3

1　鼠男跑到鬼太郎列車搗蛋了。

2　要不要剪個鬼髮型？木棉妖與鬼太郎一起操刀。

3　水木茂小時候最喜歡聽鬼婆婆講妖怪故事。

「妖怪可以拜，人類也可以拜。」鳥取朋友的回答聽起來更怪，好像上一個來祈福的就是妖怪。鳥取朋友又說，這裡集合了全日本各式各樣的妖怪，所以妖力無邊，可以祈求健康平安、學業進步、愛情順遂、開運除厄等等，什麼都行，讓妖怪們來幫你達成。

妖怪玩意兒固然新奇有趣，但我認為妖怪世界裡最有看頭的，還是水木茂本人，從水木茂之路一路走到底來到「水木茂紀念館」，館內佈置出奇妙的妖怪世界，冷不防背後就站著一個妖怪立牌等著嚇你。

水木茂一九二二年出生在境港，現在依舊健朗，他本人的傳奇事蹟不輸給鬼太郎。

由於從小常聽鄰居老婆婆說鬼故事（亦即「鬼婆婆」），水木茂對妖怪產生興趣，二十一歲當兵參戰炸斷了左手，傳說他在戰場靠妖怪幫忙指引，才能走到人類住的地方而獲救。

水木茂曾自述，因為在戰爭中看過人間煉獄，所以非常喜歡畫妖怪，他認為境港當地就有很多妖怪，尤其是草地最多。他希望透過漫畫表達，人類與妖怪能夠和平自然共處。

在館內能夠目睹鬼太郎最早的恐怖原形，與後來忠厚可愛的形象大不相同。

館長庄司行男說，鬼太郎出生從墓中爬出，可怕的臉嚇到撿起他的人，摔下時撞壞左眼。他特別強調，眼球老爹是幽靈族爸爸的眼珠子，並非鬼太郎的左眼，這一點連日本人都搞不太清楚。

有關於水木茂的靈異傳聞很多，我有很多疑問，趕緊趁這次機會跟庄司館長問清楚。

「聽說水木茂能看見妖怪？」

「對！肉眼看不到，但是感覺得到。」

↑　妖怪神社裡裡外外全是妖魔鬼怪。

©Mizuki Productions

1

2　3

1　鬼太郎原名《墓場鬼太郎》，
　　走恐怖怪異路線。
2　改良後的鬼太郎化身正義使
　　者，與妖怪朋友一起解決妖怪
　　與人類世界的麻煩。
3　找找看，妖怪們躲在哪兒？

「聽說水木茂喜歡旅遊世界尋找妖怪？」

「對！他喜歡認識新的妖怪朋友，館內有很多他的妖怪收藏。」

「聽說水木茂造訪台灣多達五次，是因為台灣妖怪很多嗎？」

館長這次答得比較慢：「呃……這點不太清楚，但既然會去五次，也許……
很難講哦～～」

水木茂來台灣究竟看見了什麼妖魔鬼怪，天知地知他知，依舊是個謎。

鳥取妙事：漫畫機場

鳥取縣擁有米子、鳥取兩個機場，由於水木茂的鳥取鄉親太喜愛鬼太郎了，
二〇一〇年把米子機場改名「米子鬼太郎機場」，希望藉由鬼太郎魅力帶來觀光
人潮，是日本第一個以漫畫人物為暱稱的機場，也是世界上第一個以妖怪為名的
機場。

此外，「名偵探柯南」作者青山剛昌故鄉也在鳥取，二〇一五年鳥取機場正
式改名「鳥取砂丘柯南機場」，外地人質疑柯南漫畫內容都是殺人事件，擔心改
名觸霉頭，但鳥取人妙答：「不怕，真相只有一個，柯南會解決一切。」

〔妖怪神社〕

🚏 鳥取縣境港市大正町62-1　📞 0859-47-0520　🕐 9：00～18：00　🌐 www.yo-kai.net
🚗 JR「境港」站，步行5分鐘

〔水木茂紀念館〕

🚏 鳥取縣境港市本町5番地　📞 0859-42-2171　🕐 9：30～17：00（最終入館16：30）
🌐 www.mizuki.sakaiminato.net　🚗 JR「境港」站，步行10分鐘

這樣 玩 鳥取 📷

❀ 三朝溫泉

只要來三個早晨，就可以恢復健康，三朝溫泉以世界稀有的鐳礦泉自豪，相傳八百多年前一隻白狼帶著武士發現此溫泉，治好了許多村民的病，泉水含鐳，分解後生成的弱放射能「氡」，號稱有增強免疫力的效果，吸引很多人來此長住療養。

溫泉區周遭山野環繞，幽靜及清新空氣令人心曠神怡，夏日夜晚沿著三德川散步，傾聽潺潺流水伴著青蛙鳴叫，是「日本之音風景百選」之一，草叢裡螢火蟲一閃一閃亮晶晶，河畔的露天溫泉，歐吉桑正享受野溪溫泉，這些都是其他溫泉鄉少有的純樸樂趣。

〔三朝溫泉觀光協會〕

⛩ 鳥取縣東伯郡三朝町三朝　☎ 0858-43-0431
🌐 www.spa-misasa.jp
🚗 JR「倉吉」站，轉乘日の丸公車三朝線至「三朝溫泉」站，步行5分鐘

❀ 大山寺

鳥取縣是日本鐵人三項發祥地，運動風氣很盛行，其中的單車熱門路線為大山，可以親近大自然，感受到山海之間的美景。

大山是日本中國地區最高峰，獨立三角錐型很像富士山，是當地人心目中的聖山，位在大山裡的「大山寺」歷史悠久，過去常有人前來修行，就近感受大山的靈性。

寺裡有一隻銅牛，遊客都喜歡摸摸牠的鼻子，大山地區是日本三大牛市場，過去農業社會珍惜牛，每一部位都物盡其用，最後僅剩銅鼻環，日積月累愈來愈多，於是鑄成了銅牛紀念並慰問牛的貢獻。

〔大山寺〕

⛩ 鳥取縣西伯郡大山町大山9
☎ 0859-52-2158　🕘 9：00～16：00
🌐 www.daisenji.jp
🚗 JR「米子」站，轉乘日交路線公車至「大山寺」站

✽ 妻木晚田遺址

大山腳下有一處彌生時代的「妻木晚田遺址」，年代約兩千年前至一千七百年前，原本早已被遺忘，一九九三年為了興建高爾夫球場而發現，擁有坑穴住所四百棟以上、掘立柱式建築五百棟以上，面積廣達170公頃，是日本規模最大的彌生部落。

考古學家發現，當時已種植稻米，並且與海外交流頻繁，遺址中還發現鐵器，而當時日本尚無鑄鐵技術，估計來自朝鮮半島。

〔妻木晚田遺址〕

⛩ 鳥取縣西伯郡大山町妻木1115-4
☎ 0859-37-4000
🕐 9：00～17：00（最終入場16：30）12/29～1/3公休
🌐 www.pref.tottori.lg.jp/mukibanda
🚗 JR「淀江」站，轉乘出租車約5分鐘

✽ 江島大橋

曾因為豐川悅司的汽車廣告，引發話題的江島大橋，影片中橋面坡度驚人，讓觀眾大呼「這簡直是汽車版雲霄飛車！」

江島大橋全長1446公尺，為了讓5千噸級的輪船能從橋下通過，橋面高度達44公尺，兩端坡度各6.1%、5.1%，仍在車輛合理行駛範圍，廣告與照片是巧妙利用角度，或用望遠鏡頭空間壓縮的視覺效果，自從廣告播出後，許多人特地開車前來試試這座橋究竟有多陡峭。

〔江島大橋〕

⛩ 鳥取縣境港市、島根縣八束町之間
🚗 JR「淀江」站，轉搭出租車約10分鐘

✽ 鳥取砂丘

鳥取砂丘是日本最大的砂丘，乍看之下以為來到沙漠，還可體驗騎乘駱駝。沿著日本海海岸長度16公里，

起伏綿延的砂丘，最大落差達90公尺，在日本海強風的吹襲下，產生風紋圖案、滑落的砂簾，每分鐘都在流動變化。

〔鳥取砂丘〕

🏮 鳥取縣鳥取市福部町湯山
☎ 0857-22-0581鳥取市觀光案所
🌐 www.sakyu.city.tottori.tottori.jp
🚌 JR「鳥取」站，轉乘砂丘線公車至「砂丘會館」站；周末假日與7/20～8/31可搭乘麒麟獅子循環公車，至「砂丘センター展望台」站

✻ 鳥取花迴廊

「鳥取花迴廊」是日本最大的花卉公園，面積達50公頃，約有十一個東京巨蛋大，四季都可欣賞美麗花卉，最大特色為百合館，館內花香撲鼻，全年都可看到各種品種的百合花綻放。

觀賞奇花異草之外，還可以遊覽各種創意設施與景觀變化，有巨型溫室、環型迴廊、歐式庭園、香草庭園等，花之丘的花卉地毯，也是眺望大山的絕佳角度；水上花壇可在池中散步；搭乘小火車造型的遊園車，穿梭園區飽覽景色；長達1公里的空中長廊，可以俯瞰繽紛花海。

〔鳥取花迴廊〕

🏮 鳥取縣西伯郡南部町鶴田110　☎ 0859-48-3030
🕐 4至11月 9：00～17：00（最終入園16：30），12至3月 9：00～16：30（最終入園16：00）
🌐 www.tottorihanakairou.or.jp
🚌 JR「米子」站，轉搭免費接駁車

這樣 吃 鳥取

✽ 二十世紀梨

　　鳥取盛產的二十世紀梨，產量佔日本第一位，果皮黃綠，汁多甘甜，被喻為「梨中之王」，盛產期為八、九月，許多觀光果園開放遊客採果，也可以造訪「二十世紀梨紀念館」，學習梨的知識之外，可試吃鳥取生產的各種梨子，並品嘗泡芙、冰淇淋等梨子甜點。

〔二十世紀梨紀念館〕

⛩ 鳥取縣倉吉市駄經寺町198-4　☎ 0858-23-1174　🕐 9：00～17：00　🌐 www.1174.sanin.jp
🚗 JR「倉吉」站，轉乘公車至「倉吉公園廣場」站

這樣 買 鳥取

©Mizuki Productions

✽ 鬼太郎周邊商品

　　鳥取以鬼太郎出名，各式各樣的鬼玩意很適合當伴手禮，在境港水木茂之路就有多種怪異的搞怪食物，像是「妖怪食品研究所」限定的眼珠老爹和菓子，不僅可以吃「眼珠」，還可以拿來耍寶拍照，很受年輕人喜愛，還可以買點鬼太郎雞蛋糕，搭配貓女罐裝咖啡；妖怪模樣的茶杯、鬼太郎最愛的木屐、變身鬼太郎的Kitty玩偶，都令人愛不釋手。

©Mizuki Productions

©Mizuki Productions

| 廣島縣 | 宮島嚴島神社 |

神之島上的浪漫與煩惱

大概沒有一座神社像嚴島神社一樣，參拜前要先看看潮汐表的，
它那朱紅色的壯觀鳥居，矗立在湛藍色的海平面上，是許多人對日本最深刻的文化印象。

先來說說嚴島神社的尊貴與美麗。嚴島神社是海上神社，座落在神仙居住的宮島，距廣島市中心約二十公里，一千四百年前，島上供奉起三位海洋女神，十二世紀平家勢力達到最高峰時，平清盛奉獻宮島，建造了橫跨海上的宮殿式建築，獨特的華麗典雅構造，流露平安時代盛世的絕美。

我在漲潮時從海上遠遠見到鳥居逐漸放大，當船隻接近16.6公尺高的鳥居，雖然早已在明信片與旅遊資料上看過無數回，親眼目睹依舊忍不住讚嘆美得好脫俗，真不虧是日本三景之一啊！

過了鳥居，就是神的領域了。鳥居用來區分神域與世俗世界，我曾造訪過眾多神社、穿越無數鳥居之下，其實沒多大的感受，唯獨這個鳥居獨立海上的莊嚴姿態，讓我頭一回心生「終於進入神明地盤」的覺悟。

紅色鳥居建在距離海岸線兩百公尺的海水之中，漲潮時海水淹沒底部，搭船通行時可就近欣賞鳥居，退潮時則有不同體驗，可以直接步行到鳥居下方，但我覺得若錯過漲潮時的海上鳥居，是一件挺掃興的事。

日本三景小知識

廣島縣嚴島神社（宮島），與宮城縣松島、京都府天橋立，並列為「日本三景」，
起源於江戶時代初期，遊歷全國的儒學家林春齋在書中寫道「天橋立丹後、陸奧松
島、安藝嚴島，為三處奇觀」，從此三景廣為流傳。

　　第一個大鳥居，與嚴島神社同樣建於西元一一六八年，我一直很好奇，這海上
鳥居怎麼能挺過長年海水浸泡與大風大浪？

　　聽廣島朋友說明才知道，原來這是有祕密的，主柱使用樹齡五百至六百年的楠
木，不易腐蝕，抗蟲性也強；雖然鳥居底部並無固定，但是屋頂下方的橫樑塞滿了
石塊，讓鳥居總重量達60噸，所以即使颱風來襲、白浪滔滔也不怕。

　　另一個祕密是，創建至今，鳥居每隔一陣子會改建，好維持嚴島神社的門面，
目前所見的鳥居已是第八代，於一八七五年開始為神社站崗，至今屹立不搖。

　　從嚴島神社整體建築，可以解讀出建造當時的流行趨勢。比方說，當時認為
「八」代表好緣分，於是建築處處可見「八」的存在，柱子間隔108公分、燈桿長
度8尺、明燈108盞等等。

　　平清盛時代貴族最喜愛的顏色就是朱紅色，如同鮮血，象徵了「生命」，而綠
色則是「再生」，因此整座神社塗上朱紅色，並以綠色點綴，在大海與森林之間更
突顯華美壯麗。

　　除了嚴島神社，宮島的彌山原始森林也被指定為世界遺產，因為早期只提供
皇親貴族祭拜，平民不准進入宮島，人煙少，自然景觀得以保存，被喻為「神之
島」。

1　2　3

1　神之島過去只有皇親貴族能參拜，現代遊客搭船就能造訪。
2　位處大海與森林之間的嚴島神社，景觀脫俗。
3　嚴島神社朱紅色調，流露平安時代貴族的時尚趨勢。

↑　在嚴島神社舉辦日式傳統婚禮的新人。

↑　宮島鹿與奈良鹿一樣，備受保護。

　　神之島，聽起來很美很浪漫，但對於凡夫俗子很困擾。

　　宮島是神居住之地，而過去認為女人生理期與生產血水不潔，所以不准在島上生孩子，也就是說，女人臨盆前得搭船到對面本州找婦產科醫生，幸好這規矩在現代已放寬。

　　死亡也象徵不潔，從前居民過世必須立刻送離開，喪期未滿，家人不得回島，據說直到現在宮島依舊沒有墳墓。

　　另一個遭殃的族群是狗，由於島上住著野生鹿，地位就像奈良的鹿一樣神聖，人類都知道鹿是神的使者，不會傷害牠們，但是狗不知道，說不定會想吃鹿肉咬了神的使者，所以宮島居民自古禁止養狗。

　　不過現在禁令沒那麼嚴格，據說已經有人偷偷養起了偷渡狗。神之島上的居民與狗狗，煩惱是不是少了些呢？

〔嚴島神社〕

⛩ 廣島縣廿日市市宮島町　📞 0829-44-2020　🕐 6：30～18：00（冬季17：00）
🌐 www.visit-miyajima-japan.com/zht　🚗 JR「宮島口」站，轉搭船到宮島約 15 分鐘

這樣 玩 廣島 📷

❉ 原爆和平紀念館

　　一九四五年八月六日上午八點十五分，美軍在廣島投下全世界第一顆原子

彈，廣島市中心方圓1公里內瞬間化為灰燼，只剩下原爆圓頂等少數幾棟扭曲建築，當場死亡或陸續因輻射等原因死亡的人數達十四萬。一九九六年原爆圓頂被登錄為世界遺產，現在是世界和平的象徵。

在原爆紀念館的文物中，可看見有些居民因高溫碳化，整個身體瞬間消失，只在牆上留下了人形黑影；資料照片上，是燒燙傷與輻射造成的血淋淋與畸形傷痕影像；也可見鐵器與陶器在高溫中融化並重塑扭曲，一尊佛像只剩半張臉。

周邊是「廣島和平紀念公園」，現在很難想像這裡曾是繁盛的商業住宅區，原爆之後全部滅盡，後來建設為公園綠地，春天是賞櫻景點，可搭船遊河，從另一角度目睹公園與原爆圓頂。

〔原爆和平紀念館〕

🛏 廣島市中區中島町1番2號　☎ 082-241-4004
🕐 8：30～18：00　🌐 www.pcf.city.hiroshima.jp
🚗 JR「廣島」站，轉乘廣島公車宮島方向至「平和紀念公園」站

✻ 島波海道

「島波海道」是海上公路，往來於本州廣島縣尾道市、四國愛媛縣今治市之間，連結瀨戶內海六座島嶼、十座海上大橋，全長近六十公里，沿途大海與小島景色變化不斷。

現在島波海道已經是熱門單車路線，經常可見外國遊客騎乘，每座橋上都設有自行車道，追風同時欣賞海景相當享受，中途可停靠大島歇息、吃海鮮燒烤，補充體力再繼續騎乘。

沿線有十五個單車租借站，可甲地租、乙地還，騎累了就還車，改搭巴士或渡船返歸，相當便利，每日租金只需五百日圓，需先支付一千日圓保證金，如果能在同一租車點歸還單車，可退還保證金。

〔尾道單車租借站（尾道站前港灣停車場）〕

🛏 廣島縣尾道市東御所町　☎ 0848-22-5332
🕐 7：00～18：00
🌐 www.go-shimanami.jp/cycling/
🚗 JR「尾道」站，步行3分鐘

這樣 吃 廣島

✻ 廣島燒

廣島燒（御好燒）是廣島著名的傳統小吃，光在廣島市區，廣島燒店家就超過兩千家，其中「廣島燒村」聚集多家名店，當地人與遊客都會前來選一間店品嘗。

　　大阪燒與廣島燒都因戰後糧食缺乏，靠美軍補助麵粉而發展起來，看起來類似，其實作法不同，大阪燒將所有材料混合後再煎，廣島燒則是分開煎好捲心菜、豆芽、豬肉、雞蛋和麵條，再一層一層鋪在極薄麵餅上，口感層次較豐富。

〔廣島燒村〕

🏮 廣島市中區新天地5-13　📞 082-241-2210
🕐 多數店家11：30～02：00，周日與假日11：30～24：00　🌐 www.okonomimura.jp
🚗 廣島電鐵「八丁堀」站，步行3分鐘

❋ 牡蠣

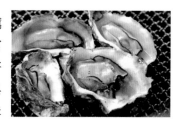

　　廣島已有四百年養殖牡蠣的歷史，是日本牡蠣產量最多的地方，特色是個頭大、口味足，尤其宮島周邊海域有潮流經過，養殖的牡蠣格外肥美。好吃的宮島牡蠣必須經過兩年養殖，富含礦物質且具有海藻風味，每年十月至隔年五月是盛產期，滋味與口感最佳。

　　宮島沿岸有多家牡蠣養殖場經營的餐廳，可以吃到新鮮牡蠣作成的各式料理，如烤牡蠣、炸牡蠣、牡蠣義大利麵等。

這樣 🛍 買廣島 🛍

❋ 宮島飯勺

　　把飯勺當名物，是宮島特殊風俗，傳說十八世紀有位和尚看見島上居民過得貧苦，於是以弁財天手上的琵琶形狀製成飯勺，並傳授給居民，由於飯勺日語發音類似「逮捕壞蛋」，有勝利的意思，又有盛取幸福的意涵，備受參拜者喜愛，此後變成宮島的伴手禮。

　　宮島滿街都在販賣大大小小的飯勺，一般尺寸的飯勺不僅用來祈福，也能真的用來盛飯，或者買個飯勺手機吊飾，隨時盛滿好運。

陸│四國、九州

九州

四國

⛩ ① 高千穗神社 ② 宮崎鵜戸神宮 ③ 仙巖園

📍 ① 高千穗峽 ② 日向海岸 ③ 霧島岩崎飯店
④ 鬼的洗衣板 ⑤ 日南太陽花園
⑥ 櫻島輪渡 ⑦ 鹿兒島高速船
⑧ 薩摩傳承館 ⑨ 長壽庵
⑩ 屋久島導覽協會

♨ ① 指宿溫泉

⛩ ① 金刀比羅宮

卍 ① 善通寺 ② 金剛福寺

📍 ① 小豆島觀光協會 ② 瀨戶大橋紀念館
③ 女木島（鬼ヶ島觀光協會） ④ 渦之道
⑤ 扇之港博物館 ⑥ 丸龜城 ⑦ 栗林公園
⑧ 藍住町歷史館 ⑨ 阿波舞會館
⑩ 中野うどん學校 ⑪ 金丸座
⑫ 松山城 ⑬ 四萬十川屋形船

♨ ① 道後溫泉本館

| 香川縣 | 金刀比羅宮 |

海上守護神係金ㄟ

台灣每年農曆三月瘋媽祖，
江戶時代日本也流行類似的集體宗教狂熱，金刀比羅宮是參拜熱門路線，
怎麼樣都要來一趟，如果自己太忙、太窮或者身體狀況走不了，
就麻煩狗狗走一趟代為參拜，這樣居然也行得通！

香川是全日本最小的縣，卻擁有日本人一生必去的金刀比羅宮，尤其是四國地區宗教信仰以佛教為主，又以遍路八十八所寺廟聞名，金刀比羅宮這所神社還能夠香火鼎盛，可見其地位非凡。

金刀比羅宮位於海拔 521 公尺的象頭山，象頭山自古被當做航行瀨戶內海的指標，人們建造了金刀比羅宮，供奉海上守護神金毘羅，主要庇佑航行平安，也能消災解厄、永保安康、帶來好運。

1　2
3

1　山腰上的百度石，讓參拜者作依據計算往返次數。

2　海上守護神金毘羅信仰極為普遍，在日本各地船隻上往往都能見到金刀比羅宮的守護。

3　金刀比羅宮位在山上，參拜道路極長，必須爬1368級石階才能抵達最深處的奧社，即使只到山腰上的本宮，也要爬785級石階。

　　穿過山下的商店街參道，沿路的店家不管賣什麼，門口都會有個桶子擺滿竹竿手杖，還以為是當地特產呢！香川朋友勸我說，「要不要借一支？」才知道原來這些手杖是店家免費借給參拜者使用，手杖上有記號，每一家都不同，如果歸還時迷了路，給當地人看看手杖就會得到指引。

　　我嫌麻煩，婉拒了手杖，直到走近金刀比羅宮入口，仰望著一眼看不完的石階梯，才知道為什麼大家都是人手一支手杖。

　　剛剛路上的商店還很多，跟其他日本觀光景點沒有兩樣，但是入口只有五個小攤位賣著元祖御飴，還掛了一塊「五人百姓」牌子。據說當初由五位老百姓護送神明來此，為了感激他們，當地人只准許這五人後代在神的地盤上做獨賣生意，其他人都不允許進來擺攤。

順著石階參道往上爬，沿路兩旁盡是高大的捐獻石碑，由於石碑群數量非常龐大，一路上好像都在幫神明數鈔票。其中青木家族每年都立了一個「金壹百萬圓」石碑，並列一排好壯觀，顯然受到很大的庇佑，我第一次造訪時曾認真的邊走邊數，一共數了青木家族十七個金壹百萬圓，代表捐獻過一千七百萬日圓，不知道後來青木家族是否還有再追加？

　　431階處有一隻著名的狗銅像，人稱「金刀比羅狗」，由於金刀比羅宮階梯實在太多，對於老人家或殘病者很費力，當地人貼心的在此設立一個狗雕像，爬不動沒關係，只要給金刀比羅狗五元硬幣，金刀比羅狗就會代替你繼續爬上去拜拜祈福，非常可愛。日語五元音同「御緣」，意即透過五元與金刀比羅狗結緣，這麼多年來，金刀比羅狗幫忙跑腿從未漲價，一直只收五元，實在太感心了。

　　金刀比羅狗是有來歷的。

1　賣元祖御飴的「五人百姓」之一。

2　對於平常沒有運動習慣的人確實爬得吃力，難怪山下隨時有轎伕待命。

3　石碑刻上「金壹百萬圓」，表示此人捐獻了一百萬日圓；刻上「金壹封」表示捐獻了一千萬日圓。

4　據說摸摸金刀比羅狗的頭，還可以預防老年痴呆，狗頭早已被摸得亮晶晶。

↑　金刀比羅宮能庇佑生意興隆、海上與家內安全。

← 金刀比羅宮販賣的御守很有特色，金黃色御守寫著大大的「金」字，附一隻陶瓷做的小小金刀比羅狗，對於御守已經很有克制力的我，也忍不住掏荷包買下去。

　　江戶時代參拜金刀比羅宮的狂熱直追三重伊勢神宮，試著想想，昔日沒有JR與汽車，四國又極為遙遠偏僻，古人千里迢迢翻山越嶺，還要搭船通過瀨戶內海，倘若體力差或經濟能力不好，實在很難湊這個熱鬧，於是就有了「代參」一詞，託人代為參拜，也可以眾人合資託一人代表去參拜，甚至還出現了「代參狗」。

　　相傳某人生病無法出遠門，又很想參拜金刀比羅宮，於是就讓家裡養的狗替他前來，在狗脖上掛了木牌，寫著「參拜金毘羅」，附上香油錢與飼料錢，拜託往四國方向的旅人帶牠同行。

　　旅人看到木牌了解目的，有順路就牽著狗狗走，一路上接力，狗狗花了幾個月時間終於走到金刀比羅宮，當地人知道這件事，感動地把護身符掛在狗脖子上，狗狗再花了幾個月走回家，而主人的病也痊癒了，這隻代參狗就成了大名鼎鼎的金刀比羅狗。

　　養到這麼忠心、沒有中途臨陣脫逃的狗，當主人的真是太有福氣了！比起另一隻東京忠犬八公，這隻金刀比羅狗的參拜旅程似乎更值得拍成電影呀！

　　爬完785級石階，氣喘吁吁的抵達本宮，參拜之後，記得到瞭望台欣賞遼闊的讚岐平原，有體力、有時間者，可以繼續爬完1368級石階到奧社，但大部分的參拜者都打道回府往下走了。

　　下山時，又看到捐獻給神明的龐大「錢」力，金刀比羅宮香客財力雄厚，可以來附近的「金丸座」再一次驗證。

　　金丸座原名「金毘羅大芝居」，建於一八三五年，是日本現存最古老的劇場，看似鄉下的香川之所以打造出這麼一座規畫完善、又可容納七百四十位觀眾的大劇場，全要拜金刀比羅宮所賜。

↑　金丸座內部金光閃閃，旁邊走道也是舞台，演出時貼近觀眾更具震撼力。

　　江戶時代前來金刀比羅宮的旅人多、錢也多，每年在臨時劇場舉行三場歌舞伎表演，就像台灣廟會也有歌仔戲、布袋戲等野台劇登場，想法是相同的，辛辛苦苦參拜之餘，還是要有點娛樂活動才行，後來人們決定蓋一座固定劇場。

　　走到劇院後方，會發現古代的後台跟現代沒啥兩樣，有大牌休息室、化妝間、衣帽間，而且機關重重，舞台可以巧妙的旋轉，在下方以人力推動；演員能夠飛簷走壁，是利用古老的吊鋼絲機關，可以想像當年表演時台下觀眾一定「哇」個不停。

　　觀眾席「VIP包廂」用木條一格一格圍起來，一格可坐兩個人，現在入場券最貴一萬四千日圓。貴嗎？不貴！這裡可是金刀比羅宮的鄰居，什麼絢麗舞台、豪華視覺享受統統「係金ㄟ」。

〔金刀比羅宮〕

⛩ 香川縣仲多度郡琴平町892-1　☎ 0877-75-2121
🕐 本宮6：00～17：30，5月至8月6：00～18：00，
　　11月至2月6：00～17：00；奧社8：00～17：00
🌐 www.konpira.or.jp
🚗 JR「琴平」站，步行20分鐘至入口

〔金丸座〕

⛩ 香川縣仲多度郡琴平町乙1241　☎ 0877-73-3846
🕐 9：00～17：00　🌐 www.konpirakabuki.jp
🚗 從JR「琴平」站，步行20分鐘

↑　被指定為國家重要文化遺產的金丸座，目前仍在使用，每年春天照舊舉辦歌舞伎表演，日本各地的歌舞伎愛好者都會聚集，平日則開放讓遊客參觀。

這樣 玩 香川 📷

❋ 栗林公園

　　香川名園「栗林公園」從
一六二〇年開始建造，經過歷
代藩主逐漸擴建，總面積達到
近23萬坪規模，是日本國家特別名勝中的最大庭園，園內包括六個湖泊、十三座
假山，為江戶初期迴遊式大名庭院，造型優美的一千株松樹，是花了上百年時間
慢慢調整樹型而成，春櫻、夏蓮、秋楓與冬天山茶花，四季皆美。

　　歷代藩主的「掬月亭」茶屋，現在對外開放並供應抹茶與和菓子，坐在此處
喝茶賞景非常悠哉，也可戴上懷舊斗笠搭船遊湖，穿梭四百年歷史的江戶庭園。

〔栗林公園〕

🏛 香川縣高松市栗林町一丁目20-16　☎ 087-833-7411
🕐 各月份入園、閉園時間不定，安全時間為7：00～17：00，年中無休
🌐 www.ritsuringarden.jp/jp　🚗 JR「栗林公園北口」站，步行3分鐘

❋ 瀨戶大橋

　　四國香川縣隔著瀨戶內海與本州相
望，過去能靠船隻與外界接觸，一百多
年前有位議員提出蓋橋，當時的人都取
笑他在做夢，直到一九五五年發生船難
死了168人，人們才開始計畫建橋。

　　一九八八年瀨戶大橋正式通車，全
長9.4公里，六座大橋連接五座島嶼，上頭走車輛，下頭是鐵道，用了十一年時
間，花費相當於3338億新台幣，打造全世界最長的跨海大橋。瀨戶大橋紀念館內
可欣賞空拍影片，彷彿搭直昇機俯瞰瀨戶大橋。

〔瀨戶大橋紀念館〕

🏛 香川縣坂出市番の州綠町6-13　☎ 0877-45-2344
🕐 9：00～17：00（最終入館16：30），周一和12/29～31閉館
🌐 www.setoohhashi.com　🚗 JR「坂出」站，轉乘坂出市營公車至「瀨戶大橋記念公園」站

❋ 丸龜城

丸龜城建於一六六〇年，是日本現存的十二座木造天守閣之一，也是其中最小的天守閣，小歸小，但是層層堆疊建造的石牆高達60公尺，號稱日本第一高牆，從下方仰望小小的天守閣，猶如一道壯觀的扇形斜坡。爬上天守閣可眺望平原或遙望瀨戶大橋，景色絕佳。

丸龜城藩主為京極家，上溯到前藩主夫人阿初，是戰國時代著名的淺井三姊妹老二，姊姊是豐臣秀吉側室茶茶（淀君），妹妹是德川秀忠夫人阿江，也是德川幕府三代將軍家光的生母，這一段留給後人當做話題的身世，為丸龜城添增背景故事。

〔丸龜城〕

🏛 香川縣丸龜市一番丁　📞 0877-24-8816（市文化觀光課）　🕐 9：00～16：30（最終入城16：00）
🌐 www.city.marugame.lg.jp　🚗 JR「丸龜」站，步行10分鐘

❋ 小豆島

純樸的小豆島是瀨戶內海第二大島，擁有優質花崗岩，當年興建大阪城需要石材而逐漸開發，採石工人帶進醬油與掛麵製作手藝，成為小豆島名產。

此外，當年義大利人來到日本遍植橄欖樹，最後只有小豆島長得最好，因而帶動橄欖油產業，島上也建造風車等南歐建築，營造獨樹一格的地中海風情。近年小豆島以三年一度的瀨戶內藝術祭出名，是藝術祭重點島嶼之一。

〔小豆島〕

🏛 香川縣小豆郡小豆島町西村甲1896-1　📞 0879-82-1775小豆島觀光協會　🌐 www.shodoshima.or.jp
🚗 JR「高松」站，步行5分鐘至高松港，搭船約1小時至土庄港

這樣 吃 香川

❀ 讚岐烏龍麵

香川古稱「讚岐」，說到讚岐就會想到烏龍麵，關於烏龍麵的由來有幾種說法，當地人最喜歡的版本是，瀨戶內海雨水少，不易種稻，空海大師為拯救讚岐窮苦百姓，傳授從中國唐朝帶回的烏龍麵製法。

讚岐烏龍麵好吃的關鍵在鹽，當地天氣能生產出適合做麵的鹽，也能做出好吃的醬汁，加上土地種出優質小麥，總和起來就是好吃的烏龍麵。在香川最普遍的烏龍麵吃法是涼麵，沾著醬汁吃出嚼勁。

金刀比羅宮山下的「中野烏龍麵學校」，可體驗烏龍麵DIY，活潑的店員會帶動唱，教客人跳舞踩麵糰，最後品嘗自己做的烏龍麵很有意思，吃完麵再嘗嘗門口販賣的「和三盆冰淇淋」，造型可愛又好吃。

〔中野烏龍麵學校〕

🎋 香川縣仲多度郡琴平町796番地　☎ 0877-75-0001　🕐 8：30～17：00
🌐 www.nakanoya.net　🚗 JR「琴平」站，步行15分鐘

這樣 買 香川

❀ 丸龜團扇

幕末時期，丸龜城財務吃緊，武士學習製作團扇改善經濟狀況，日後形成丸龜市傳統工藝，是日本最大的團扇生產地，被指定為國家級傳統工藝品，在「扇之港博物館」可參觀這項技藝，匠師現場拿著刀子在薄薄的竹片上削削削，一下就削出扇子的骨架，技藝高超讓人目瞪口呆，遊客可參加DIY活動，或者選購扇子以及可愛的團扇手機吊飾。

〔扇之港博物館〕

🎋 香川縣丸龜市港町307-15　☎ 0877-24-7055　🕐 9：30～17：00（最終入館16：30）周一與12/28～1/3休館
🌐 www16.ocn.ne.jp/~polca/polca_1.html　🚗 JR「丸龜」站，步行15分鐘

 |德島、高知、愛媛、香川四縣| 四國遍路|

1200公里路‧堅強了心，軟了腿

忘記造訪四國多少次，卻沒忘記每一回都深受遍路感動，
不管是大馬路或田野小徑，總是會看到身穿白衣、頭戴斗笠的遍路者，
他們徒步行走四國，每抵達寺廟便虔誠參拜，雖然風塵僕僕一身汗水，
卻散發聖潔光芒，遍路是四國最美的風景。

斗笠一手杖，同行二人相伴，兩腳走四國，四國有四縣，四十多個日子，
八十八所寺廟，一千兩百公里路程……，我把遍路常用的數字兜在一起，
聽起來是那麼巧妙，一、二、四、八，就好像神佛精心挑選過的密碼。

一斗笠一手杖，是遍路者徒步的必備輔具，而且傳統上要穿著白衣白褲，因為四國偏遠，昔日前往遍路很不簡單，瀨戶大橋尚未建成前，必須靠搭船穿過瀨戶內海，下船之後開始步行翻山越嶺，在當年隨時會有生命危險，於是遍路者直接穿上白色死者裝束，倘若路上不幸身亡，能夠直接就地埋葬，隨身攜帶的金剛杖就成了墓碑。

　　同行二人相伴，二人指的是自己與空海大師兩個人，古時遍路往往只有一人單獨行走，遍路者身上的白衣、斗笠、頭陀袋與金剛杖，要寫上「南無大師遍照金剛同行二人」字樣，「同行二人」表示空海與遍路者同行一路保佑平安。

　　兩腳走四國，是日本真言宗的修行方式，由於空海大師曾在四國步行苦修，許多出家人追隨空海的苦行，日後形成遍路，江戶時代普及化，庶民也開始加入遍路。

　　四國有四縣，分別代表遍路不同道場，從順時針方向來說，德島縣是發心的道場，高知縣是修行的道場，愛媛縣為菩提的道場，香川縣則是涅槃的道場，遍路者走到不同縣將遇到不同修煉，所以傳統遍路依順時針方向走，才符合修煉程序。

　　四十多個日子，都得不斷的走路，而且此路並不平坦，坡度上上下下，流汗流淚長水泡皆是必然，這已經不是單純體力的問題，而是考驗遍路者的意志力。

1
2　3

1　人生即遍路，行走遍路同時也檢視自己的人生。
2　經費不足的遍路者，托缽或接受當地人款待。
3　遍路可以單獨走或結伴同行，無論如何都有空海大師的精神作伴。

八十八所寺廟，串連成遍路這條路線，參拜寺廟也是遍路重要目的，從第一間德島靈山寺啟程，到第八十八間香川大窪寺，都曾是空海大師的修行靈場。

走完了一千兩百公里路程，表示參拜完八十八間寺廟，也繞完四國一圈，遍路者為了沉澱自己而走，或者發願祈禱，也可能是懺悔贖罪，無論何種目的，都是追尋空海大師的修行足跡。

走遍路很苦，但過程中會感受到四國居民的親切熱情，如同台灣的大甲媽祖遶境。有一回與台灣遍路者小歐聊天，她只要提到沿途遇見的「菩薩」就笑咪咪，下雨天有路人主動要幫她們把行李載到下一站，迎面而來的阿姨送枇杷，以及為遍路者熱情講解的民宿爺爺。她將遍路記錄成文，並在臉書成立「四國遍路同好會」與人分享，我相信這也是一種遍路精神。

日本有句話：「人生即遍路」，自己的人生自己決定，也沒人規定遍路非得怎麼走才算是遍路，大多數人順時針走遍路，也有人選擇逆時針來走，「跳號」走也沒問題，在講求效率的今天，還演變出各種新型態的遍路。

有人採取分段進行，像是分期付款，一次走完一段，過陣子再來四國，接續走下一段；有人以交通工具代步，搭公車像跳棋般，一站站參拜；嫌公車不夠快的人騎單車或機車，或者開車兩天一夜快速繞完一圈。

日本國內旅行社也推出遍路套裝行程，有遊覽車、導遊解說，還安排品嘗在地美食，住宿溫泉飯店，所以我在四國下榻溫泉旅館，經常遇到遍路者，吃好住好，還可以好好shopping，旅行兼朝聖，好像挺享受的。

我在高知的第二十八間寺廟「大日寺」遇到一對情侶，OL吉田小姐與男友分別從東京與大阪調來四國工作而結識相戀，遍路是他們的約會方式，只要放假有時間，就一同進行遍路。

↑　每參拜一間寺廟便請寺方書寫納經蓋朱印，吉田小姐還在納經帳上畫畫加入感想。

1
2   3

1 善通寺是空海大師三大古跡之一。
2 遍路八十八間寺廟中最大的善通寺，有宿坊
　可供住宿。
3 空海大師誕生地對日本佛教徒意義非凡。

　　他們帶著納經帳慢慢蒐集八十八間寺廟的墨書與朱印，祈禱愛情順利與身體健康，同時遊覽四國風光、品嘗美食，可愛的吉田小姐還在納經帳塗鴉畫出感想，遍路兼約會，相信感情一定有保庇，最特別的是，吉田小姐其實是位基督徒呢！

　　雖然遍路替代方案多，但徒步才是最好的遍路，一連行走四十天，一千兩百公里路，過程必定艱苦，但一關接著一關克服身心極限，面對自我、觀想內心，就算不是為了宗教修行，也能夠找到寧靜的初心，苦了雙腿，但是療癒了心。

　　遍路上的八十八間寺廟，每一間都有上千年的歷史，各有不同來歷，即使不走遍路，也可以造訪參拜這些名寺古剎。

　　特別介紹第七十五間「善通寺」背景非凡，位在香川縣（古稱讚岐），西元七七四年佐伯真魚誕生於此，佐伯真魚從小被視為天才兒童，漢學造詣很好，家人對他期望很高，認為他一定可以當大官，但他大學讀到一半決心出家，法名空海。

　　空海到大唐學習佛法，得到密教真傳，回日本開創真言宗，是日本最受愛戴的兩位大師之一，法號遍照金剛，日本人尊稱「弘法大師」（另一位大師是最澄，諡號傳教大師），他在誕生地建立了善通寺，寺名來自父親佐伯善通，是八十八間寺廟中最大的一間，千年古木相當壯觀，據說寺裡還珍藏著空海的自畫像。

第三十八間「金剛福寺」位在四國最南端的高知縣足摺岬，寺裡寺外有好多隻海龜石雕，傳說空海大師來到足摺岬，發現無法繼續前行，此時出現一隻大海龜載空海到對岸的岩石修行（莫非是古代計程車？）因此這龜有個特殊封號「大師龜」。據說若遊客對著大海大聲呼喊，大師龜說不定也會出現呢！

↑　傳說空海走到足摺岬望海興嘆，引來大海龜現身載他一程。

遍路者行頭

傳統的遍路者必須有專業行頭以表示虔誠，而且穿上這身標準配備，當地人才會知道你是遍路者，可以主動報路或提供食物，在遍路第一間寺廟「靈山寺」可購買齊全，沿途寺廟也買得到（其實沒有這身打扮，熱心的四國居民照樣會提供協助，請遍路者放心）。

＊斗笠：用來遮雨擋太陽，進入寺中可以不必拿下。

＊金剛杖：相傳是空海大師的化身。

＊白衣：白衣、白褲、白襪表示無垢，能夠保佑平安，也象徵抱著必死決心進行遍路。

＊輪袈裟：簡單版的袈裟，掛在脖子上即可。

〔善通寺〕

⛩ 香川縣善通寺市善通寺町3-3-1　☎ 0877-62-0111　🕐 8：00～17：00（最終入場16：30）　🌐 www.zentsuji.com
🚗 JR「善通寺」站，步行20分鐘

〔金剛福寺〕

⛩ 高知縣土佐清水市足摺岬　☎ 0880-88-0038　🚗 土佐黑潮鐵道「中村」站，轉乘公車至「足摺岬」站

〔遍路中文網站〕

🌐 四國遍路旅遊網站www.tourismshikoku.tw　🌐 四國遍路同好會www.facebook.com/gohenro

這樣 玩 四國 📷

❀ 渦之道

　　鳴門海峽位在德島縣鳴門市與淡路島之間，海面上每天出現兩次巨大漩渦，遊客可在大鳴門橋「渦之道」進行海上散步，透過腳下的透明玻璃，俯看海面變成大型洗衣機的奇觀。

　　由於鳴門海峽過於狹窄，漲潮時海水受阻擋折回流向，等到潮水回來，另一邊海水經過六小時已退潮，於是產生水位差形成漩渦，直徑可達20公尺。渦之道一邊是太平洋，另一邊是瀨戶內海，雖然不見得剛好遇到漩渦產生，但先是走在距離海面45公尺的橋上就很刺激了。

〔渦之道〕

⛩ 德島縣鳴門市鳴門町（鳴門公園內）　☎ 088-683-6262
🕐 3月至9月9：00～18：00（最終入場17：30），10月至2月9：00～17：00（最終入場16：30）
🌐 www.uzunomichi.jp　🚗 JR「鳴門」站轉乘鳴門市營巴士至「鳴門公園」站

❀ 阿波舞

　　每年八月中旬德島市舉行阿波舞祭，吸引上百萬人同樂，跳著喜感十足的舞步，同時大呼口號「一乘一！一乘二！一乘三！」或者是「大家一起跳吧！」之類帶點傻氣的口號。

　　平日前來，可到「阿波舞會館」欣賞阿波舞，三十幾個團體輪流表演，舞者男女老幼都有。當地人透露跳阿波舞的要訣，女生要嬌柔，雙手舉高，好像被捏一樣，唉呦唉呦的移動，男生則要豪邁，同手同腳準沒錯。

〔阿波舞會館〕

⛩ 德島市新町橋2-20　☎ 088-611-1611
🕐 20：00～20：50，第二、第四個周三與12/21～1/10休館
🌐 www.awaodori-kaikan.jp　🚗 JR「德島」站，步行10分鐘

❀ 四萬十川

　　高知四萬十川全長196公里，河水清澈，尤其是十二月至翌年二月，可透視六公尺深的河底，沿途景觀未經人工破壞，被喻為「日本最後的清流」，可搭屋形船遊覽，吃便當同時欣賞沿岸景色，聽船伕講故事。

　　四萬十川最具特色的「沉下橋」，每逢遇到大水即沉沒在水下，因而得名，橋上沒有護欄，因為每年皆氾濫兩或三次，這種設計可保住橋體不被激流沖毀。

〔四萬十川屋形船〕

　⛩ 高知縣四萬十市田出ノ川67-1　　☎ 0880-38-2918
　🕐 4月至9月8：00～16：00，10月至3月9：00～16：00，一小時一班
　🌐 www.yakatabune-nattoku.com
　🚗 土佐黑潮鐵道「中村」站，轉乘高知西南公車至「甲ヶ峰」站

❋ 松山城

　　明治維新後，很多城邑天守閣都被拆除，松山城是倖存的十二座天守閣之一，內部保存木造結構，頂層有其他天守閣少見的和室裝潢。松山城也是日本百大賞櫻名所之一，每逢春天六百多株染井吉野櫻、枝垂櫻盛開如雲海，簇擁著優雅的天守閣，另有加值美感。造訪需搭乘纜車上山。

　　松山城是日本三大聯立式城樓之一，與姬路城、和歌山城一樣有相連的大、小天守閣與櫓門，為了禦敵設有耍心機的機關，例如大門旁的隱門設計，守軍可以偷偷從後面包抄殲滅敵人，但實際上從未使用過。

〔松山城〕

🔱 愛媛縣松山市大街道3丁目2-46　📞 089-921-4873
🕐 2月至7月9：00～17：00，8月9：00～17：30，9月至11月9：00～17：00，12月至1月9：00～16：30
🌐 www.matsuyamajo.jp
🚗 JR「松山」站，轉乘「道後溫泉行き」電車至「大街道」站，步行5分鐘

❄ 道後溫泉

　　具有三千年歷史的道後溫泉，歷代日本天皇都曾造訪，宮崎駿卡通《神隱少女》湯婆婆的油屋，是以本館為樣本，室內浴池不大，沒有露天溫泉，但是懷舊氛圍與故事背景照樣吸引泡湯客朝聖。

　　瀨戶內海建造大橋後，來此泡湯比過去容易多了，道後溫泉有多家旅館，遊客可體驗下榻旅館的露天溫泉，再穿上浴衣木屐走去本館泡湯，然後散步遊逛溫泉街。

〔道後溫泉本館〕

⛩ 愛媛縣松山市道後湯之町6-8　📞 089-943-8342　🕐 6：00～23：00
🌐 www.dogo.or.jp/pc/about　🚃 JR「松山」站，轉乘「道後溫泉行き」電車至「道後溫泉」站，步行25分鐘

這樣 吃 四國

❄ 半烤鰹魚

　　高知面向太平洋，是日本鰹魚捕獲量第一的地方，一般都是曬乾後刨薄片，也就是

柴魚片，用來熬煮日式高湯，但高知人的吃法是豪氣地做成「半烤鰹魚」，厚切新鮮鰹魚片，以大火將表面烤得微焦，內部保持生鮮，吃起來甘嫩又帶點焦香，在高知餐廳、市場或美食街常會看見這道料理。

❀ 少爺糰子

　　文學家夏目漱石曾在愛媛教英文，日後以這段經歷寫下小說《少爺》，將愛媛人物景色寫得生動鮮活，現在來到道後溫泉可找到許多少爺的影子。泡溫泉、吃糰子是少爺的嗜好，他天天到道後溫泉報到，泡完湯後就大啖最愛的麻糬糰子，有時一口氣吃上兩盤。

　　如今在道後溫泉街處處都吃得到以小說為名的「少爺糰子」，將糯米丸子分別沾上小豆、雞蛋、抹茶三種顏色的餡料，用竹籤串成，口感好、味道甜，形狀又可愛，廣受當地人與遊客喜愛。

這樣 🛍 買四國

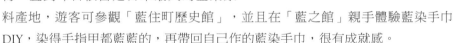

❀ 阿波藍染

　　德島自江戶時代種植製造藍染的植物，直到今日依舊是日本最大的藍染原料產地，遊客可參觀「藍住町歷史館」，並且在「藍之館」親手體驗藍染手巾DIY，染得手指甲都藍藍的，再帶回自己作的藍染手巾，很有成就感。

　　一般市面上的藍染加了化學染劑，在這裡擺售的各種藍染產品都是純天然，號稱可防過敏，戴上藍染圍巾不會打噴嚏，穿上藍染襪子香港腳患者不會癢，藍染手帕可殺菌，還可防蚊蟲咬，不管是否真有奇效，純天然染的總是比較好。

〔藍住町歷史館〕

🏠 德島縣板野郡藍住町德命字前須西　　📞 088-692-6317　　🕘 9：00～17：00，周二休館
🌐 www.town.aizumi.tokushima.jp/ainoyakata　　🚌 JR「德島」站，轉乘公車至「東中富」站，步行5分鐘

洞窟裡的神明哺乳室

台灣現在很多公共場所都有哺乳室，方便媽媽給孩子餵母乳，
在宮崎海邊洞窟裡，存在一座天然「哺乳室」，
傳說神武天皇祖母「豐玉姬」留下乳房，哺大了神武天皇父親，
神話很複雜，但是母愛很單純。

印象中造訪日本神社，總是沿著古木參天的參道，直直走到盡頭就是神社
了；然而宮崎「鵜戶神宮」很不同，它藏在海岸懸崖邊的海蝕洞窟裡，是
相當罕見的洞窟神社，順著石階蜿蜒而下，太平洋海浪拍打聲不絕，熱情陽光與
周遭的亞熱帶植物充滿了南國氣息。

　　鵜戶神宮祭拜日本第一代天皇神武天皇的父親，傳說他在此誕生，全名「天
津日高日子波限建鵜葺草葺不合命」，名字很不好念，要先吸口氣才念得完，為
了幫助閱讀呼吸順暢，本文以下皆以「神武天皇父親」稱之。

1　2
　　3

1　守護鵜戶神宮的神犬石。
2　御乳水的滋味,凡夫俗子
　　也能嘗。
3　御乳岩形狀如雙乳。

　　踏入洞窟裡參拜,最醒目的就是一對岩石垂掛如同乳房,相傳是神武天皇祖母「豐玉姬」將雙乳留在洞窟內,神武天皇父親就是被這對「御乳岩」奶大的。

　　為什麼會有這一對女神乳房?這要從日本建國神話說起,天照大神有兩位曾孫,哥哥「海幸彥」擅長釣魚,弟弟「山幸彥」負責打獵,有一天弟弟跟哥哥提議交換工作,卻笨手笨腳地把哥哥的魚鉤弄丟了,哥哥很生氣,要弟弟去找回來,於是弟弟來到龍宮,娶了海神女兒「豐玉姬」,也取了寶物打敗哥哥,統治陸地。

　　之後,豐玉姬為了生產,來到陸地找老公,山幸彥趕緊在洞窟裡用鵜的羽毛搭建產房。豐玉姬臨盆前,交代老公不准看她生產,山幸彥卻好奇偷窺,發現老婆原來是一條龍(另有一說為大鯊魚)。豐玉姬傷心被看到原形,決定離開老公回龍宮,不忍剛出生的孩子沒母乳,於是留下乳房哺育孩子。

　　附帶一提的是,充滿母愛的豐玉姬回到娘家,還是放心不下孩子,於是派妹妹「玉依姬」來照顧孩子,孩子長大後娶了玉依姬,也就是自己的阿姨,生下神武天皇。

　　直到今日,鵜戶神宮御乳岩仍繼續滴下乳水,但禁止碰觸,一旁備有「御乳水」,遊客可嘗嘗皇室母乳的滋味,至於味道?別想太多,就是清水。

　　鵜戶神宮主要庇佑安產、胎兒健康以及漁民出海平安,參拜後走出洞窟,可以試試手氣了,懸崖下海邊有個龜形岩石,龜殼上有個窟窿,只要花一百日圓買五顆開運豆,丟到窟窿內,願望便能實現,類似台灣夜市射飛鏢之類的遊戲。

左　窟窿很小，開運豆要丟得準而且不能彈開，還真是不簡單。
右　開運豆是陶土所製，上頭有個「運」字。

　　遊戲規則是男生用左手、女生用右手，要丟準並不容易，我試了五顆都石沉大海，大多數都是買了第二次才丟中，神宮開運豆生意好的不得了。

宮崎妙事：復活島石像，比本尊更神

　　復活節島石像，在日本大復活？宮崎海邊出現摩亞（Moai）石像，不僅大到惟恐別人看不到，還一次排列了七尊，他們是摩亞本尊？還是山寨版摩亞？

　　出現摩亞的「日南太陽花園」（Sun Messe）是一處主題樂園，「據說」有牧場、蝴蝶樂園、陶藝教室等設施，但我什麼也沒看到，可能是因為當時我的眼中只有摩亞，忘了小牛小羊的存在。

　　這七尊摩亞石像可不是隨便模仿的，而是經過復活島長老許可認證，原來多年前日本幾家財團幫助復活島恢復摩亞石像，一九九六年完成後，長老很感激，於是允許他們複製摩亞，其中一家起重機公司老闆與Sun Messe老闆是好友，加上宮崎面臨太平洋，與復活島海景類似，所以一拍即合，復活島的摩亞就在宮崎復活了。

　　宮崎摩亞尺寸大小與面向陸地的方位，都跟復活島一樣，面向陸地，為的是保護居住在陸地上的人們。

原以為複製品沒啥意思，但日本人就有本事把外來的東西本土化，七尊摩亞猶如七福神，守護人們的運勢，從左邊開始分別代表了工作、健康、戀愛、娛樂、結婚、金錢以及學業等運勢，戀愛與金錢運的摩亞最有人氣，人人搶著摸摸摩亞肚臍。

　　之後我造訪了瀨戶內海，發現女木島也有一尊摩亞石像，孤拎拎的站在海邊堤防，難道是宮崎摩亞被遺忘的兄弟嗎？

　　原來當初起重機公司要扶正摩亞石像，其實也是挺緊張的，畢竟古文明可不能開玩笑，為了慎重起見，先在日本打造一尊同樣大小的摩亞當替身，實驗成功後，才敢去復活島拉起真正的石像，後來替身就送給女木島，而女木島正是日本傳說桃太郎打鬼的「鬼島」，摩亞與鬼作伴，好像也挺配的。

　　所以，如果沒錢、沒時間飛到智利復活島見識正宗的摩亞，不如就近到日本宮崎或女木島看看複製的摩亞，好處是，他們比復活島本尊還要神。

〔鵜戶神宮〕

⛩ 宮崎縣日南市大字宮浦3232　📞 0987-29-1001

🕐 4月至9月6：00～19：00，10月至3月7：00～18：00

🌐 www.udojingu.com

🚗 JR「南宮崎」站，轉乘公車飫肥行至「鵜戶神宮」站，步行10分鐘

〔日南太陽花園（Sun Messe）（サンメッセ日南）〕

⛩ 宮崎縣日南市大字宮浦2650　📞 0987-29-1900

🕐 9：30～17：00第一、第三個周三休園

🌐 www.sun-messe.co.jp

🚗 JR「南宮崎」站，轉乘公車日南行至「サンメッセ日南」站

〔女木島（鬼ヶ島觀光協會）〕

⛩ 香川縣高松市女木町　📞 087-840-9055　🌐 www.onigasima.jp

🚗 JR「高松」站步行5分鐘至高松港，轉乘高松～女木島渡船約20分鐘

1		
2		
3	4	5

1　這不是復活節島！摩亞石像在宮崎入境隨俗變成運勢守護神。

2　七尊摩亞各有強項，戀愛與金錢運最受喜愛。

3　女木島上的貓摩亞。

4　桃太郎的鬼島相傳就是女木島。

5　摩亞替身在女木島與鬼為伴。

這樣 玩 宮崎 📷

❋ 高千穗

高千穗是日本建國神話起源，被稱作神話之里，白天先來高千穗峽欣賞壯觀美景，由五瀨川穿過峽谷形成，兩旁的柱狀節理斷崖長達20公里、高100公尺，又有一道瀑布流水滑下，眺望很美，租艘小船往上看又是另一番風景。

夜晚造訪高千穗神社欣賞「神樂」，這種舞蹈一般是在祭祀活動中演出，相傳天照大神躲在洞穴裡不肯出來，於是人們跳了一種逗趣的舞蹈吸引天照大神出來，傳承至今就成了神樂。

〔高千穗神社〕

⛩ 宮崎縣西臼杵郡高千穗町大字三田井1037
☎ 0982-72-2413
🕐 神樂演出（當日受理，不接受預約）
　 20：00～21：00，洽0982-73-1213高千穗
　 町觀光協會
🌐 www.takachiho-kanko.info
🚌 從宮崎市搭高速公車至「高千穗神社」站

〔高千穗峽〕

⛩ 宮崎縣西臼杵郡高千穗町大字三田井御塩井
☎ 0982-73-1213高千穗町觀光協會
🕐 租船8：30～17：00（最終入場16：30）
🌐 www.takachiho-kanko.info
🚌 從高千穗神社，步行至高千穗峽1.5公里

❖ 鬼的洗衣板

地名聽起來好嚇人的「鬼的洗衣板」，位於宮崎縣南端的日南海岸，海邊岩石線條凹凹凸凸、整齊劃一，就像是超大型洗衣板，從前火山熔岩流向海邊，被波浪衝擊翻起又退回大海，重複作用之下所形成的奇幻地貌。

爬上地勢較高的堀切峠，能夠眺望海景以及鬼的洗衣板，沿途還可欣賞海棗、木槿花。

〔鬼的洗衣板〕

⛩ 宮崎縣宮崎市青島　🌐 www.miyazaki-city.tourism.or.jp　🚗 JR「青島」站，步行10分鐘

❊ 日向岬

　　日向市自古為九州海上門戶，順著日向岬海岸步道，一路欣賞壯麗海岸風光，冷卻後的火山熔岩矗立海面上，高達70公尺，尤其從馬背展望台望去，感覺自己好渺小，步道盡頭為崖邊，彷彿來到了海角天涯，視野非常遼闊。

　　此外附近的OKURUSU之海，又稱為「十字海」，從高處往下看岸邊有一個明顯的十字架形狀，是岩石裂開自然形成，剛好旁邊是一塊正方形空地，合起來是一個「叶」字，日文意思為實現願望，只要敲響旁邊的鐘就可以圓夢了。

〔日向海岸〕

🛆 宮崎縣日向市細島　　◎ 0982-55-0235日向市觀光協會
🚌 從JR「日向市」站，轉乘公車よりロックタウン行，至「日向岬」站

這樣 吃 宮崎

❋ 地頭雞

　　宮崎最具代表性的美食是「地頭雞」，與地雞（在地生產的雞）不同，「地頭雞」是品種名稱，以自然農法養足五個月，特色是肉質軟嫩，價格為一般雞肉的三倍。

　　在宮崎當地可吃到刺身、炭燒與炸雞等各種地頭雞料理，可試試葡萄牙人早期帶來的南蠻雞，也就是淋上酸辣醬的炸雞排。地頭雞幾乎沒腥味，雞肉與雞肝都可生吃，宮崎特有作法是燒烤，雞肉切小塊用木炭大火燒烤，散發濃厚的焦香。

這樣 買 宮崎

❋ 燒酎

　　日本最為人熟悉的酒類是清酒，也就是大家通稱的「日本酒」，在南九州則是燒酎的天下，全日本超過七成的燒酎出自宮崎與鹿兒島，燒酎是蒸餾酒，依原料不同，區分為蕎麥燒酎、黑糖燒酎、麥燒酎等等，也可以加入南九州特產地瓜，製成「芋燒酎」。由於熱量較低，近年來喜歡喝燒酎的人愈來愈多，並逐漸年輕化。

　　宮崎燒酎種類多到驚人，紀念品店往往都有百款選擇，如果不知如何挑，可試試日本銷售第一的「黑霧島」，產自宮崎霧島酒造，或者是排名第四的雲海酒造「日向木挽」；以宮崎特產柚子、日向夏等水果調成的燒酎酒，特別受到女性青睞。

| 鹿兒島縣 | 仙巖園貓神神社 |

藩主給貓的報恩

日本有句俗諺「貓之報恩」，講的是貓咪會報答人的恩情，
在鹿兒島卻反了過來，薩摩藩主為報答貓咪在戰場上的貢獻，將愛貓封為貓神，
還在自家別邸「仙巖園」蓋了一座給貓的小祠堂「貓神神社」。

仙巖園是造訪鹿兒島非去不可的景點，已有近四百年歷史，是薩摩藩藩主島津家歷代別邸庭園。其他各地的藩主都有自己庭園，可以比美比華麗，但都比不上島津家的奢侈美景，因為仙巖園不必靠假山水，直接把櫻島活火山納入庭園設計了。

1
2　3　4

1　從鹿兒島高處俯瞰櫻島與錦江灣。
2　孟宗竹林洋溢中國風情。
3　舉辦和歌比賽的曲水流觴。
4　篤姬嫁到德川將軍家前在仙巖園住過三年。

　　庭園高處是欣賞仙巖園最美的角度，眺望遠方的櫻島與錦江灣，櫻島還三不五時噴發冒煙，這種有氣魄的借景誰家能有？

　　鹿兒島人喜歡特立獨行，薩摩藩島津家的作風與其他藩主很不同，大膽創新，能夠察覺最新時代脈動，走國際化路線，從仙巖園可以明顯看出薩摩藩主的流行嗅覺。

　　早期的藩主熱愛中國文化，園內有曲水流觴與孟宗竹林，由於鹿兒島不產竹子，當年是從中國進口孟宗竹，曲水流觴則用來舉辦風雅的和歌比賽，而室內設計也見得到蝙蝠（福氣）等中國吉祥象徵，顯然早期藩主很哈「中」。

　　後期的藩主則偏好西洋風，向歐美看齊，室內擺設西方家具，餐廳還有西式桌椅、刀叉，第十一代藩主島津齊彬（篤姬的養父）更是積極吸收西洋文化，下令建造西洋鎔爐，在日本人普遍還不知道世界局勢變化、西洋人的船堅砲利，薩摩藩早已備有大砲、船艦等最先進的武器，是日本走向現代化的發源地。

　　我造訪仙巖園當天氣候不佳，雨中的園區與櫻島罩上一層薄霧，也無損它的美，園方一路自豪的講解庭園設計與島津家背景，但我的注意力被一座小小的鳥居所吸引，趕緊拜託解說員說明這是什麼？得到答案是：祭祀貓的小祠堂「貓神神社」。

十六世紀末，薩摩藩主島津義弘（西元一五三五～一六一九年），曾受豐臣秀吉之命出征朝鮮，當時他帶了七隻貓隨行，用意是把貓咪當時鐘，因為貓的瞳孔會隨光線變化，中午光線強烈，瞳孔縮得像一直線，上午下午光線柔和，瞳孔漸放大，想知道現在幾點了，就去看看貓（養過貓的人都知道，室內室外、有燈沒燈也會影響貓的瞳孔，所以我猜測藩主只是純粹離不開愛貓）。

戰後他回日本，身邊只剩兩隻貓，為了紀念貓的「戰功」，島津義弘蓋了貓神神社，久而久之，貓神變成鹿兒島市鐘錶業的守護神，每年六月十日時鐘節當天，鐘錶業界會來祭拜，並請法師舉辦供養儀式撫慰貓魂。

或許是來尋找貓神神社的貓奴太多，而神社又小到很難找，聽說貓神神社近來搬了家，從仙巖園上方轉移到賣店隔壁，如今在賣店旁就不容易錯過了，許多貓奴前來祈求貓神保佑家裡的貓主子平安健康，順便購買繪馬、御守或守護為貓主子祈福。

1　2
3　4　5

1　十六世紀基督教從鹿兒島開始傳到京都，據說薩摩藩家徽圖案暗示了十字架。
2　貓神神社旁的賣店，是貓奴購物天堂。
3　二〇〇八年造成轟動的大河劇《篤姬》曾到仙巖園取景，此橋是場景之一。
4　貓神神社很迷你，兩旁的石燈籠還比祠堂高。
5　如果賽錢換成貓草，貓神會更開心吧！

1　2　3

1　愛貓人士在繪馬上為貓兒健康祈福。
2　貓神神社的御守當然也是貓。
3　神社前的神祕貓偶，是否暗示基督徒？

　　記得當時我追問了園方，「從韓國回來的那兩隻貓，究竟是什麼顏色的貓？長毛還是短毛？」園方認真思考了一下回答，「似乎沒留下記錄耶，無法給你答覆。」

　　作為日本古代少數出過國的貓，說不定還啃過人參、吃過泡菜，但因為沒辦過護照，牠們的長相是個謎。

　　在薩摩說起長相成謎，就不能不提到西鄉隆盛了，也就是東京上野公園牽狗的銅像本人，他是薩摩藩武士，卻主張尊皇壤夷，等到真的推翻幕府，末代將軍德川慶喜下台，明治天皇掌權，之後他大可安享「維新三傑」好名聲，卻為了幫助爭取下級武士權益，帶兵反對政府，最後兵敗切腹自殺。

　　永遠的反對派，西鄉隆盛悲劇色彩濃烈，他無私正直個性深受日本人喜愛，是維新三傑最受歡迎的一位，但是他有很多未解之謎，原本以為來到他的故鄉鹿兒島可以多認識他，沒想到愈看愈迷糊。

左　西鄉隆盛以愛狗出名。
右　哪一張才是西鄉隆盛的臉？把他弟弟與堂弟臉部拆成四部分，任意轉動互換，只要換個下巴或鼻子，容貌就差異很大。

↑ 薩摩傳承館建築外觀模仿京都平等院的鳳凰堂。

〔仙巖園貓神神社〕

⛩ 鹿兒島市吉野町9700-1 ☎ 099-247-1551
🕗 8：30～17：30 🌐 www.senganen.jp
🚗 JR「鹿兒島中央」站，轉乘公車30分鐘至「仙巖園」站；或JR「鹿兒島」站，轉乘公車10分鐘至「仙巖園」站

〔薩摩傳承館〕

⛩ 鹿兒島縣指宿市東方12131-4 ☎ 0993-23-0211
🕗 8：30～18：00 🌐 www.satsuma-denshokan.com
🚗 JR「指宿」站，轉乘出租車約7分鐘

西鄉隆盛不愛拍照，沒有留下任何照片傳世，唯一的線索是「有一對粗眉毛」，後人只好找他的弟弟與堂弟照片來揣測。在日本教科書上出現的西鄉隆盛畫像，臉的上半部是他弟弟，下半部是堂弟，而東京上野公園牽狗的銅像，又是另一個組合版本，據說西鄉夫人在銅像揭幕儀式上直接吐槽：「跟我老公長得完全不一樣。」

長相不確定，可以肯定的是西鄉隆盛很喜歡狗，收藏薩摩史料的「薩摩傳承館」內有一封信可以證明，西鄉隆盛在上頭寫著「謝謝你送我這隻狗，我要回贈鐵砲給你。」

把鐵砲當作送狗的回禮，可以想見狗狗在西鄉隆盛心中的份量，跟四百年前給愛貓蓋神社的藩主有得拼，九州男兒對待毛小孩的心，其實挺柔軟的啊！

鹿兒島妙事：是島非島

我被鹿兒島縣眾多地名搞得迷迷糊糊，屋久島、種子島、霧島、櫻島、鹿兒島，怎麼到處都是「島」？

屋久島、種子島是如假包換的「島」沒錯；櫻島一九一四年火山爆發，岩漿灌入海底從此與鹿兒島相連，現在雖與九州陸地連結，但也看得出來最早還算是個「島」。

然而有些「島」就奇怪了，像是鹿兒島市、鹿兒島縣以及霧島，明明位在九州大陸，何以稱「島」？尤其是霧島還在山裡頭呢，真是把我給誤導了。

左　種子島設有宇宙中心，號稱是距離月球最近的島。
右　屋久島生態豐富，是世界少數的海龜產卵地。

　　把這些疑惑請教在地人，好像也不是很清楚，不過倒是引發連鎖反應，幾位鹿兒島人聚在一起討論、查資料，終於歸納出答案。

　　原來過去櫻島被稱作鹿兒島，因為島上有很多野生鹿而得名，後來這個鹿兒島與薩摩逐漸廣為人知，大家索性把整個地方叫「鹿兒島」。

　　霧島的解釋更神奇，傳說有一位神仙經過，看到山上有霧彷彿大海，冒出的山頭有如海中小島，因此神仙取名為霧島。所以下回若有機會來鹿兒島旅行，看到行程上有很多「島」，可別以為是來跳島旅行。

這樣 玩 玩鹿兒島

❀ 指宿砂浴

　　指宿以砂浴聞名，利用溫泉加熱的沙子蓋住全身，感受蒸氣熱度，人被活埋起來，只剩下一顆大頭在外面，旅遊頻道曾介紹了世界十大特殊溫泉，指宿砂浴也在其中。

　　砂浴不是隨便用沙子埋起來就可以，溫度控制在55℃左右，要穿浴衣以免燙傷，白天露天體驗砂浴，工作人員會幫動彈不得的「活埋者」撐把小傘，以免臉部曬傷。15分鐘後起身沖洗，再泡進溫泉池，彷彿打通任督二脈一身舒暢。

〔指宿〕

♨ 鹿兒島縣指宿市　☎ 0993-22-3252指宿市觀光協會　🌐 www.ibusuki.or.jp　🚗 JR「指宿」站

❀ 屋久島

在宮崎駿動畫電影《魔法公主》出現的神祕森林，靈感來自屋久島，它是九州最南端的島嶼，被稱做海上阿爾卑斯山，形狀接近圓形，從上空看很像杉木剖面，島上百分之二十區域都是世界自然遺產，許多千年杉木被山岳雲霧繚繞，路邊常常出現野生動物，小鹿悠哉吃草，猴子們互相理毛，自在玩耍的模樣，不太在乎人類。

前往森林探祕，要走入白谷雲水峽步道，依自己腳程，一邊欣賞沿途原始森林一邊吸收芬多精，花兩、三個小時悠哉走到「魔法公主的森林」，這裡的樹木岩石被青苔覆蓋，潺潺水流清澈見底，突然有隻小鹿慢慢踱步過溪，彷彿動畫主角偶遇麒麟獸的奇幻場景。

〔屋久島〕

🏠 鹿兒島縣熊毛郡屋久島町
☎ 0997-49-4191屋久島指南協會
🌐 www.yakushima-guide.com

〔鹿兒島高速船〕

🏠 鹿兒島市本港南埠頭　☎ 099-223-4251
🌐 www.tykousoku.jp
🚗 JR「鹿兒島中央」站，轉乘公車20分鐘；或JR「鹿兒島」站，轉乘出租車5分鐘

❀ 霧島溫泉

昔日薩摩藩主在霧島溫泉有專用別墅，阪本龍馬的蜜月旅行也是到霧島，龍馬第一次被暗殺受傷，薩摩藩人又把龍馬帶到霧島療傷，可見薩摩藩人信賴這裡的溫泉功效。

位於山中的霧島岩崎酒店有很多泡湯花樣，頂樓有一個大浴池，可以在山景環繞中泡湯，天氣好的時候，可以遠眺櫻島。另一處「綠溪湯苑」則是森林溪谷裡的露天溫泉，穿上泡湯專用浴衣在野溪中感受大自然。

〔霧島岩崎飯店〕

🏠 鹿兒島縣霧島市牧園町高千穗3958
☎ 0995-78-4888　🌐 kirishima.iwasakihotels.com
🚗 JR「霧島神宮」站，轉乘公車往霧島いわさきホテル行

❈ 櫻島

　　櫻島與鹿兒島市隔著錦江灣只有4公里距離，是一座方圓50公里的海上火山島，一百年前岩漿流入海，現在已與鹿兒島相連，島上生產世界上最大的蘿蔔，以及世界上最小的橘子，大蘿蔔重到要兩手來扛，而小橘子直徑不到5公分。

　　雖然櫻島火山常噴發，也經常冒煙，居民照樣安居樂業種植蔬果，跟火山和平相處，而且櫻島小學生上下學都要戴安全帽，路邊有防空洞，是櫻島特殊景象。

〔櫻島輪渡〕

⛩ 鹿兒島市本港新町4-1（乘船券售票所）　☎ 099-223-7271　🕐 24小時每日運行
🌐 www.city.kagoshima.lg.jp/sakurajima-ferry　🚗 JR「鹿兒島」站，步行9分鐘

這樣 吃 鹿兒島

❀ 唐船峽流水素麵

　　日本人夏天很喜歡吃流水素麵，發源地就在指宿市唐船峽，「長壽庵」是當地名店，夏天前來都得排隊，店家說好吃的關鍵是水質，這裡的湧泉水可以拿來養鱒魚，就是好水的證明。

　　品嘗時，先把麵線丟進不斷流動的水，讓13至15℃冰涼的湧泉水冰鎮麵條，然後夾起麵條沾醬汁一口吃掉，嚼勁十足又清爽，三五好友圍著桌子快攻搶夾，再搭配烤鱒魚，好吃又好玩。

〔長壽庵〕

🎏 鹿兒島縣指宿市開聞仙田77　☎ 099-332-3155　🕐 5月至6月10：00～19：00，
7月至8月10：00～20：00，9月下旬至4月10：00～16：00
🌐 www.minamibussan.jp/tyojyuan/tyojyu_top.html
🚗 JR「開聞」站，轉乘公車池田湖或指宿站方面行至「唐船峽」站

這樣 買 鹿兒島

❀ 薩摩燒、薩摩切子

　　「薩摩燒」特色為色彩絢爛、手法細膩，有的作品貼上金箔，金光閃閃顯得豪華貴氣，讓人看了眼睛發亮，是幕府末期薩摩藩對外出口的陶瓷，當時西洋人憧憬東方美術，加上國際貿易興盛，可以說是薩摩燒的黃金時期。

　　同樣是薩摩藩為了賺外幣產生的「薩摩切子」，是高級玻璃製品，有獨特的玻璃染色技術，絢麗繽紛，據說當年篤姬嫁到德川將軍家，也帶上許多薩摩燒、薩摩切子當嫁妝。

　　薩摩燒與薩摩切子有實用的生活器皿，如薩摩燒花瓶、茶具組，薩摩切子從茶具、酒器、小物、花瓶等都有，是鹿兒島特色伴手禮。

柒｜北海道與沖繩

北海道

沖繩

🛩 千歲支笏湖冰濤神社　　　　　　　🏯 首里城

|北海道｜千歲市冰濤神社｜

這款冰雕 艾莎女王不會做

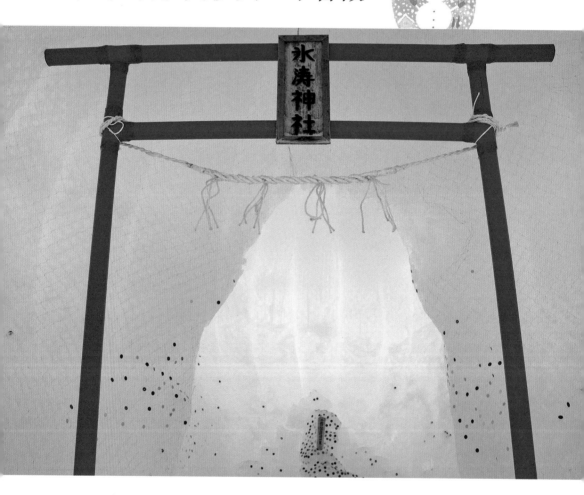

北海道的冬天可熱鬧了，二十多個冰雪祭典在札幌、旭川等各地登場，雪人、雪屋、冰雕城堡、溜滑梯，莫非是「冰雪奇緣」艾莎公主來北海道施展魔法？

1
2　3

1　冰濤祭夜晚打上燈光變得夢幻繽紛。
2　冰柱上頭鑲滿世界各國錢幣，匯集了各國遊客的誠意。
3　冰屋白天呈現獨特的支笏湖藍。

　　答案當然沒那麼容易，以支笏湖冰濤祭來說，數十座壯觀冰濤是工作人員慢慢的引湖水噴在支架上，利用天然冷氣結冰作造型，花兩個月時間才塑成看似天然的冰濤。

　　冰濤祭之夜呈現七彩瑰麗，燈光加上花火把冰濤照耀得好夢幻，我踩在雪地上欣賞冰濤與冰屋，突然發現一座冰屋裡的「冰濤神社」，冷冰冰的神社外頭很認真的豎立紅色鳥居，冰屋裡的神龕是冰柱，這款神社冰雕，住在北歐的艾莎女王一定沒見過也變不出來。

　　只可惜冰濤神社不是隨時來都有，一旦為期半個月的冰濤祭結束，春天緊接來到，雪融了，冰濤神社只好「Let it go」了。

〔支笏湖冰濤祭〕

🎋 千歲市支笏湖溫泉　　◎ 0123-23-8288支笏湖冰濤祭實行委員會
🕐 1月底至2月中下旬 9：00～22：00
🌐 www.1000sai-chitose.or.jp　🚗 JR「千歲」站，轉乘公車約44分至「支笏湖站」站

這樣 玩 吃 買 千歲札幌

　　從新千歲機場搭機返台前，可以多安排一天時間就近遊逛札幌與千歲。札幌最方便的旅遊景點便是大通公園，搭地鐵到大通站即可抵達，公園內種植各種花木，五月丁香花祭染紫整個公園，時計台是札幌地標，一定要拍張照才代表來過北海道，再找間店品嘗札幌近年流行的湯咖哩。

　　從札幌車站搭JR到千歲僅半小時，足夠時間吃完石狩鮭魚便當，一層鮭魚卵，一層鮭魚肉鋪得滿滿，根本看不見底下的白飯。

　　千歲是本州與北海道的聯絡站，保留多種產業文化，有醬油工廠、啤酒工廠、葡萄酒廠、洋芋片工廠、鮭魚故鄉館，是一座參觀見學的寶庫。

　　支笏湖是全日本最乾淨清澈的湖水，陽光照射下湖水呈現澄澈又夢幻的湛藍，稱作「支笏湖藍」，附近的支笏湖溫泉以愈泡愈美聞名，然後選購北海道純馬油，就可以心滿意足搭機回台了。

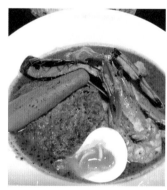

 ｜沖繩縣｜那霸市首里城｜

無人相識・御嶽真鬱卒

琉球傳統信仰與日本不同，「御嶽」是其一，大家或許聽了陌生，但其實御嶽遠在天邊近在眼前，來沖繩必定造訪的首里城就有幾處御嶽，只是藏在紅色艷麗的宮殿中很容易被忽略。

　　走進守禮門左邊就是「園比屋武御嶽石門」，石門是國王祈禱之處，相當於拜殿，不設正殿建築，石門後的森林就是正殿，從前男人止步，只准女人供奉。宮殿前廣場有一處「首里森御嶽」，石牆內全是樹木，傳說是神創造的聖地，為首里城極重要的祭拜地點。

　　現在御嶽的風采全被風獅爺搶光了，沖繩風獅爺已從民俗信仰演變成觀光大使，無所不在，據說是明朝閩人三十六姓移民帶來的風俗文化，放屋頂上能鎮風

避邪，門口則有成對的獅，有的表情姿態正經，有的一臉滑稽，與金門風獅爺相比，雖然造型不同，鎮風威力與親切感同樣討喜。

　　由於鄰近台灣與閩南，琉球也有媽祖與土地公信仰，土地公發音與台灣很類似。我猜想，風獅爺「シーサー」（Shisa）是琉球方言，說不定當年琉球人第一次見到很好奇，於是詢問這是啥，福建新移民回答「是獅」，閩南語發音「系塞」，是不是就成了「シーサー」名字由來？

〔首里城〕

⛩ 沖繩縣那霸市首里金城町1-2　📞 098-886-2020
🕐 4月至6月8：00～19：30，7月至9月8：00～20：30，10月至11月8：00～19：30，12月至3月8：00～18：：30
🌐 www.oki-park.jp/shurijo
🚗 從那霸機場搭乘輕軌電車至「首里」站，步行15分鐘

1　2　3

1　園比屋武御嶽石門內是森林，有琉球神明存在。
2.3　琉球最討喜的守護神，莫過於風獅爺。

這樣 玩 吃 買 沖繩

　　沖繩被譽為世界四大海濱觀光勝地之一，玩法都跟海洋有關，藍洞浮潛、出海釣魚，參觀擁有超大魚缸的「美麗海水族館」，或者到石垣島、西表島、小濱島體驗世外桃源的潔淨沙灘。

　　喜歡逛街的話，那霸市「壺屋」從琉球王國時代就是沖繩陶藝中心，已有三百多年歷史，現在仍聚集三十多家陶藝工坊，擺售琳琅滿目的風獅爺。

　　第一牧志公設市場被喻為「沖繩的廚房」，色彩鮮艷的魚類，苦瓜、鳳梨、火龍果擺滿桌，還有其他日本市場看不到的豬腳、豬頭，可感受琉球文化獨特之處。

　　沖繩人喜愛喝泡盛，過去被認為是歐吉桑喝的酒，現在年輕人與女性對泡盛的接受度愈來愈高，原料為泰國米及沖繩特有的黑麴菌，以蒸餾方式製酒，儲藏三年稱作古酒，年份愈久香味愈芳醇柔和。

|特別篇之一|

有求必應，日本好運專賣店

日本神社寺院的好運「專賣店」相當多，考試運、桃花運、金錢運，甚至變美麗、除厄運，都能找到專屬守護神明，遇到什麼難題，少了哪種運勢，請上好運專賣店！

金榜題名：防府天滿宮

日本學子臨時抱佛腳，必到天滿宮拜託「學問之神」菅原道真，為平安時代詩人、學者、政治家，遭政敵陷害被貶到九州太宰府抑鬱而終。

他的影響力在過世後有了戲劇性發展，京都宮殿遭雷擊造成死傷，朝廷視為道真怨靈作祟，於是興建天滿宮以天神祭祀，他的「學問之神」形象深植人心，學者、老師、學生都會去參拜。

三大天滿宮分別位在京都北野、福岡縣太宰府、山口縣防府，其中以防府天滿宮最古老。相傳道真搭船流放途中，曾停靠防府勝間之浦住宿，過世當天，勝間之浦出現一道神光，隔年防府人立廟祭祀，每年冬天御神幸祭，數千位半裸男子抬出神轎，從防府天滿宮走到勝間之浦迎接道真回去。

美麗升級：鎌倉江島神社

變美麗不必靠整形，鎌倉江島神社祭祀弁財天，是日本三大弁財天神社，女神能庇佑女孩變美，神社還推出貪心美人御守，從頭髮到笑容都能變美。

神社裡收藏一尊「裸弁財天」，裸體女神胸前橫抱琵琶姿態極美，雖然得付費參觀，但美學欣賞也是美人必要之一。附近的「弁財天黃金淨水」，喝了水聲音可變美。

　　弁財天原為印度河神，與水、龍、蛇信仰相關，加上日本人把弁財天列入七福神，因此能庇佑發財，江島神社也以「洗錢」出名，用池水洗銅板就能愈洗愈有錢。

愛情婚姻：京都地主神社

　　說到祈求良緣，京都「地主神社」最知名，雖然鄰近宏偉的清水寺，但它從來不會被忽視，因為愛情誰能不要？

　　地主神社不附屬清水寺，而且歷史比清水寺悠久，祭祀戀愛之神大國主神，因此專攻愛情婚姻。

　　最叫人印象深刻的是一對「戀占石」，距離十多公尺，祈求良緣的人閉上眼睛，從第一顆石頭走到另一顆石頭，若能筆直走達表示願望成真，因為來往遊客多，等於愛情路上障礙多，旁邊的友人則幫忙呼喊指引，過程相當有趣。

生意興隆：伏見稻荷大社

　　商店或企業祈求生意興隆，就要找稻荷神幫忙了，稻荷神社總數約四萬多間，是日本數量最多的神社，總本社是京都「伏見稻荷大社」，日本人來求財，西方遊客則著迷於「千本鳥居」的壯觀。

稻荷神守護是狐狸，自古為農民守護神，隨著商業社會來臨，稻荷大社進而保佑生意興隆，境內到處都是狐狸雕像，門口的狛犬改成了狐狸，繪馬也是一張狐狸臉。

無數的鳥居是許願者捐贈，商會、公司行號或個人皆可捐贈，據說現在已達上萬座，沿著山坡排列延綿到山上，部分路段還得排成兩條鳥居路。

健康長壽：京都清水寺

「要有從清水寺舞台跳下來的決心！」日本人用這句話來形容意志堅定，京都最古老的寺廟清水寺，以大殿前的懸空舞台聞名國際，光是往下看，就足以令人心驚。

清水寺為棟梁結構式建築，依附懸崖峭壁而建，由139根高12公尺的巨木支撐，不使用一釘一木，由於位在山上，清水寺也是眺望市區的絕佳去處。寺內供奉觀世音菩薩，正殿旁為音羽瀑布，據說喝了此水可長壽，因此稱為「延命水」，等著喝水的人總是大排長龍。

家內平安：京都金閣寺

金閣寺正式寺名為「鹿苑寺」，征夷大將軍足利義滿修築金碧輝煌的舍利殿，之後才被稱作金閣寺，經過戰火都能倖免於難，卻在1950年被一名見習僧人放火燒毀，理由竟是他「嫉妒金閣寺的美」。金閣寺美得過火的遭遇，卻造就文學不朽之作《金閣寺》，三島由紀夫小說靈感來自這個真實事件。

修建後的金閣寺，金色舍利殿倒映鏡湖池是最美的景色，早上十點前與下午三點後的陽光灑在金箔裝飾上，將整座舍利殿照得閃耀奪目。金閣寺入寺門票就是一張寫滿祝福的平安符，能保佑家內平安，可貼家中玄關鎮宅。

除厄求勝：茨城鹿島神宮

茨城縣「鹿島神宮」是關東最古老的神社，與伊勢神宮、香取神宮同列日本三大神宮，供奉武甕槌神，是日本最強武神與勝利之神，相傳能除厄並增加勇氣與體力，還有人認為能庇佑律師資格考試。

鹿島神宮內住著一小群鹿，傳說神明騎白鹿從這裡出發到奈良，成為奈良鹿的起源，不過鹿島神宮小鹿被圈養，而且吃的是紅蘿蔔，與吃仙貝的奈良鹿過的生活不太相同。

地上直徑二十公分的「要石」，傳說用來封印大鯰魚，以免翻身引發地震。要石看似小，底下多大是個謎，水戶藩主德川光圀（亦即水戶黃門）命人挖了七天七夜仍不見底而放棄。但是三一一東日本大地震時，鹿島神宮鳥居也被震垮，看來這要石得多加把勁了。

世界和平：平泉中尊寺

岩手縣平泉中尊寺，是一座祈願世界和平的寺廟，十二世紀初，奧州藤原清衡為安慰戰亡者並表達非戰決心，以淨土宗教義建設平泉並建造中尊寺，二〇一一年被登錄為世界文化遺產。

中尊寺以金色堂出名，堂內外都貼上金箔，用金銀珠寶與夜光貝鑲嵌、鏤空金屬飾品以及漆泥金畫，展現平安時代後期精粹的工藝技術，初蓋好時露天展示，一百五十年後才建造覆堂，金色堂從此免受風吹雨打。

拜訪台灣的日本珍奇廟

日本曾統治台灣五十年，隨著軍人、移民與僧侶來台，日本佛寺神社大量興建，聽起來好像是古早的事了，其實這些佛寺神社可能就在你我身邊，經常路過而不自知。

根據統計，日治時代台灣的神社總數超過兩百座，有官方認證者六十八座，不可否認的，日人在台灣蓋神社是政治目的，通常奉祀征台皇族北白川宮能久親王，在國民政府來台後，神社毫不意外的被摧毀殆盡，大多改建忠烈祠，可觀賞衛兵交接的圓山忠烈祠，前身就是「台灣護國神社」。

歷史不能遺忘，但可以用欣賞古蹟的角度去看待，許多日本神社留下基座、石燈籠與狛犬，有興趣者不妨去找找。

最具統治指標的「台灣神社」，拆掉後蓋成圓山飯店，中山北路原本是參道，稱為「敕使街道」，參拜者沿著中山北路通過明治橋（已拆掉的中山橋）來到台灣神社，一如造訪東京明治神宮時，必須走過原宿與青山間的表參道。

1　2　3

1　射日塔原為嘉義神社本殿，二十多年前火災全毀。
2　嘉義神社齋館與社務所兩棟木造建築，已開放參觀。
3　嘉義神社小狛犬身上的漩渦卷毛古樸可愛。

　　台灣神社遺留的狛犬在劍潭公園，銅牛則搬到國立台灣博物館門口站崗。

　　嘉義公園「射日塔」原址為嘉義神社，狛犬、石燈籠、手水舍都還在，當年神職使用的齋館、社務所，現成為嘉義市史蹟資料館；宜蘭蘇澳砲台山「金刀比羅社」，供奉香川金刀比羅宮神明守護海上交通，尚存石燈籠與石柱；花蓮豐田村碧蓮寺原為「豐田神社」，留下鳥居、參道、石燈籠與狛犬。

　　唯一保留完整的「桃園神社」位在虎頭山上，三十年前經學者搶救未被拆除，現改名桃園市忠烈祠，供奉鄭成功、劉永福、丘逢甲與反清抗日烈士靈位，造訪這裡如同走進日本某個小型神社。

　　附帶一提，二〇一四年台南重新開張的「林百貨」，是日治時期南台灣第一座百貨公司，頂樓保留著一九三二年創業時的稻荷神社，請稻荷狐仙繼續保佑生意興隆。

　　台北捷運圓山站旁的護國禪寺，日治時期建造的木造正殿保存良好，萬靈塔前廣場原有八十八尊石佛，正是四國八十八間寺廟「遍路」信仰，當年移民者回鄉參拜大費周章，於是日本各寺捐獻石佛，好讓離鄉背井的信眾就近巡禮，現存九尊石佛。

1　每年三月櫻花盛開，桃園神社更有日本味。
2　桃園神社現改為忠烈祠。
3　與日本各地神社一樣，桃園神社也配備手水舍。

　　花蓮吉安「慶修院」也找得到遍路。吉安是日本移民村，移民多半來自四國德島，寺廟創立者特地到四國進行遍路請回八十八尊石佛，讓移民有心靈寄託，戰後八十八石佛與不動明王、弘法大師像一起留在台灣了。

　　此外，基隆、宜蘭、台北觀音山都有遍路遺跡，觀音山保存較完整，日人帶來關西的「西國三十三所靈場巡禮」，從西雲寺啟程，沿凌雲路走到福隆山步道，順著三十三尊石觀音依序參拜，最後到凌雲禪寺開山院，現存十多尊石像。

1	2	3
4	5	6

1　慶修院是東部地區保存最完整的日本寺院。
2　四國遍路八十八尊石佛供奉於慶修院。
3　日治時期的慶修院是吉安鄉日本移民的信仰中心。
4　隱身在西門町的弘法大師。
5　東和禪寺鐘樓，近年更名為曹洞宗大本山台灣別院鐘樓
6　關子嶺火王爺廟外觀很台。

　　台北市車水馬龍的仁愛路，有一座鐘樓立在青少年發展處現代高樓旁，看似城門，其實是「東和禪寺」倖存的建物；同樣每天不知多少人經過的中華路上一處看似公園，真正身分為「西本願寺」，尚存鐘樓、樹心會館供參觀。附近西門町成都路上的台北天后宮，前身為「弘法寺」，弘法大師隱藏在鬧區裡，常有日本遊客前來參拜。

　　台北市現存最古老的日本佛堂「法華寺」，位在萬華西寧南路，寺裡保存「百度石」是日本獨特的祈福儀式，從百度石開始繞行，用來計算往返參拜次數，日本香川金刀比羅宮石階旁也有一座。

　　由於日本人愛泡湯，台灣溫泉在日治時期大量開發，溫泉守護神廟宇自然也出現。北投溫泉路「普濟寺」供奉湯守觀音，至今保存清幽的日式寺院風格。

　　台南關子嶺「火王爺」來自日本九州的不動明王，日人開發溫泉時，在源頭上方立上不動明王祈求平安，日後蓋廟供奉，每年夏天舉辦全台唯一的火王爺祭，成為地方一大盛事。

日本珍奇廟：30間特色神廟在地行旅

品味人文美景、風格信仰、飲食文化，深入探尋神的領域

作　　者—王曉鈴
主　　編—陳慶祐
責任編輯—林巧涵
執行企劃—汪婷婷
封面設計—IF OFFICE
內頁設計—比比司設計工作室
地圖繪者—王猛婷
董 事 長
　　　　—趙政岷
總 經 理
總 編 輯—周湘琦
出 版 者—時報文化出版企業股份有限公司
　　　　　10803台北市和平西路三段二四〇號七樓
　　　　　發行專線—（〇二）二三〇六六八四二
　　　　　讀者服務專線—〇八〇〇—二三一七〇五・（〇二）二三〇四七一〇三
　　　　　讀者服務傳真—（〇二）二三〇四六八五八
　　　　　郵撥——九三四四七二四時報文化出版公司
　　　　　信箱—台北郵政七九～九九信箱
時報悅讀網—http://www.readingtimes.com.tw
電子郵件—history@readingtimes.com.tw
時報出版臉書—http://www.facebook.com/readingtimes.fans
流行生活線臉書—http://www.facebook.com/ctgraphics
法律顧問—理律法律事務所　陳長文律師、李念祖律師
印　　刷—詠豐印刷有限公司
初版一刷—二〇一五年七月十日
定　　價—新台幣三六〇元

⊙行政院新聞局局版北市業字第八〇號
翻印必究（頁或破損的書，請寄回更換）

國家圖書館出版品預行編目（CIP）資料

日本珍奇廟：30間特色神廟在地行旅，
品味人文美景、風俗信仰、飲食文化，深入探尋神的領域 /
王曉鈴作. -- 初版. -- 臺北市：時報文化, 2015.07
ISBN 978-957-13-6301-1（平裝）
1.寺廟 2.旅遊 3.日本
731.9　　　　　　　　　　　104009770